선생님도 궁금한

학교 상담실
엿보기

선생님도 궁금한 **학교 상담실 엿보기**

초판 1쇄 2020년 11월 5일

글쓴이 용진숙·정정미·최은주·박자경·정신애 **편집** 작은배 **디자인** 구민재page9
펴낸곳 도서출판 단비 **펴낸이** 김준연 **등록** 2003년 3월 24일(제2012-000149호)
주소 경기도 고양시 고양대로 724-17, 304동 2503호(일산동, 산들마을)
전화 | 02-322-0268 **팩스** 02-322-0271 **전자우편** rainwelcome@hanmail.net

ⓒ 용진숙·정정미·최은주·박자경·정신애, 2020
ISBN 979-11-6350-033-9 03370 **값 15,000원**

선생님도 궁금한

학교 상담실 엿보기

글 강원도교육청 전문상담교사

용진숙·정정미·최은주·박자경·정신애

단비
danbi

위(Wee) 프로젝트 체계

학교 위(Wee) 클래스 — 1차 안전망
학교부적응 학생 조기 발견·예방 및 학교 적응력 향상 지원

교육지원청 위(Wee) 센터 — 2차 안전망
전문가의 지속적인 관리가 필요한 학생을 위한 진단·상담·치유 One-Stop 서비스 지원

시·도교육청-위(Wee) 스쿨 — 3차 안전망
장기적으로 치유가 필요한 고위기군 학생을 위한 기숙형 장기위탁 교육 서비스

일러두기

사례에 인용한 학생들의 인적사항과 내용은
개인의 비밀 보장과 보호를 위해 재구성하였습니다.

차례

2부 담임선생님, 혼자 애쓰고 있나요?

3부 부록

상담은
마음 성장을 돕는 일

코로나 19로 사회 각계각층에 많은 변화가 일어났다. 교육계도 예외는 아니다. 전에 없던 온라인 수업과 비대면 상담, 등교의 필수품이 된 마스크, 열 체크를 위해 늘어선 줄 등이 이제는 낯선 풍경이 아니다. 새롭게 바뀐 환경에 적응하느라 학교도, 학생도, 학부모도 힘들기는 마찬가지다.

특히 초·중·고등학교에 입학한 1학년 학생들의 혼란은 더욱더 심하다. 마치 개회식 없이 시작된 운동회처럼 어딘가 어수선하고 어설프다. 졸업과 입학은 어떤 과정의 끝이자 시작인데 그런 의식이 생략되었다. 학교 적응 시기인 신학기도 사라졌다.

온라인 개학으로 같은 반 친구를 컴퓨터 모니터 속에서 먼저 만났다. 등교가 시작되어 얼굴을 마주 봤을 땐 아는 사이도 모르는 사이도 아닌 어정쩡한 친구가 되어 있었다. 서서히 익숙해질 수 있는 시간이 생략되었다. 그야말로 관계의 몸풀기가 사라진 것이다. 보통의 관계 맺기에서 거쳐야 하는 패턴이 엉켜 버린 느낌이다.

예상하지 못했던 일을 겪는 학생들의 마음은 많이 놀라 있다. 그래서 그 어느 때보다 예민하고, 불안하다. 약해진 마음은 자기를 해하기도 하고 관계를 공격하기도 한다. SNS에서는 친절하게 인사하던 친구가 학교만 오면 모르는 척을 해서 혼란스럽다며 상담실을 찾아와 울먹인다. 사이버 공간에서는 괜찮은 것 같은데 현실에서는 친구들과 잘 지내는 것이 힘들다고 소리친다. 때론 감당하기 힘든 어른들의 잘못을 아이들이 날것으로 견디기도 한다.

아이들의 깊은 마음을 만나 줄 수 있는 교사가 되고자 노력했다. 아이들의 마음을 불편하게 하는 작은 가시 하나 빼는데 도움을 주고자 지금도 노력한다. 학교 현장에서 어떻게 하면 담임선생님들과 함께 마음을 모아 아이들의 성장을 도울까 머리를 맞대어 고민한다.

상담은 마술이 아니다. 문제 해결사도 아니다. 상담실에 다녀온 아이가 '짜잔' 하고 변신하는 것은 더욱 아니다. 상담은 그저 아이들 곁에서 함께 견뎌 주며 버텨 주어 조금씩 마음 성장이 일어날 수 있도록 돕는 일이라는 것을 알리고 싶었다.

학교 상담은 일반 상담과 다르다. 학교라는 특수한 공간에서 학생의 '성장과 변화'라는 공통의 목표를 안고 있다. 단단하고 건강한 아이들의 성장을 위해 담임교사와 상담교사가 함께하고자 한다. 이에 다섯 명의 현직 상담교사가 머리와 마음을 모았다.

1부에서는 상담교사에게도 어려운 아이들의 이야기를 꺼냈다. 물론 경계선 성격장애, 내인성 우울증, 충동 통제 및 품행장애 등의 병리적 증상을 가진 친구들이 무엇보다 어렵겠지만 이런 친구들은 우리의 능력 범위를 벗어나기에 다루지 않았다. 대신 학교에서 한 번쯤은 만날 수 있는 응급 위기 사례를 다듬었다. 위기 상황 시 심리교육이 왜 필요한가를 시작으로, 비자살성 자해, 자살 시도 학생 상담, 트라우마를 안고 살아가는 아이들의 이야기, 애도 심리 교육까지 상담 내용과 적용 방법을 사례로 풀어나갔다. 여기에 실린 사례는 현장에서 경험한 상담 사례를 바탕으로 각색하였으며 별칭으로 구성하였음을 밝혀 둔다.

2부에서는 학급에 한 명쯤은 있음직한 학생들의 사례를 통해 담임교사가 상담교사에게 어떤 도움을 받을 수 있는지에 대한 내용을 담았다. 학생들과 가장 가까운 곳에서 아이들의 안전과 생활 교육, 학습을 책임지고 있는 담임교사의 목소리가 담겨 있다. 심리적 지원이 필요한 학생들을 어떻게 도와줘야 할지 고민하는 담임교사 곁에 상담교사가 있다는 것을 알려주고 싶다. 담임교사와 상담교사가 유기적으로 협력하여 아이들의 힘든 마음을 조금이라도 덜어 줄 수 있기를 기대해 본다.

　3부에서는 첫회기와 마지막 회기 학생 상담 시나리오[1], 이 책에 담긴 사례에서 사용했던 상담 관련 자료를 별도로 수록했다. 일반 상담 관련 자료들은 무수히 많다. 그러나 학교 현장의 목소리를 담은 자료는 그리 흔하지 않다. 다소 어설프고 부족하지만, 학생들의 마음을 단단하게 키워 주는데 조금이나마 도움이 되기를 희망한다.

1 　부록1 　(p.108) 첫 회기와 마지막 회기 학생 상담 시나리오

1부

작지만 강력한
위기 학생 상담

상담교사에게 위기 사례는 심리적 부담을 준다. 위기 사례를 접할 때면 왠지 나보다 전문기관에 연계해야 할 것 같고, 가능하면 피하고 싶은 마음이 먼저 드는 것도 사실이다. 그러나 위기라는 단어에 너무 압도당하는 것은 아닌지 생각해 볼 일이다. 어찌 보면 위기는 우리가 살면서 누구나 겪을 수 있는 보편적인 일이다. 새 학년이 되어 새로운 환경에 적응하는 일상적 사건도 위기요, 잘 다니던 학교를 그만두고 싶어 하는 것도 위기다. 친한 친구와의 다툼으로 학교 생활이 어려워지는 사소한 위기부터 주변 사람들의 죽음처럼 감당하기 힘든 위기까지 위기의 스펙트럼은 넓고 다양하다.

　이런 맥락에서 볼 때 위기는 우리가 원래 나아가려던 방향에

역행하거나 멈춘 상태라고 할 수 있다. 다만 개입 시기에 따라 즉각적이고 긴급하게 개입을 해야 하는 응급이 있을 수 있고, 위험 정도에 따라 고위기, 중위기, 저위기로 나눌 수 있다.

위기의 범위가 워낙 넓고 다양해서 모두 같은 방법으로 개입할 수 있는 것은 아니지만, 위기 상황에 맞는 적절한 개입을 통해 위기 경험 이후에 발생할 수 있는 여러 가지 정서·인지·행동적 문제를 최소화할 수 있는 효과를 얻을 수 있다. 마치 심정지 환자를 살릴 수 있는 골든타임이 존재하듯, 위기 사안 발생 후 적절한 개입을 언제, 어떻게 하느냐 하는 것은 매우 중요하다.

학교에서 만나는 위기 상황은 자살, 자해, 학교폭력, 성 관련 사안, 감염병 재난, 학업 중단 위기, 교통사고, 자연재해, 아동학대, 친구의 죽음 등 정말 다양하다. 그중 자살, 자해, 친구의 죽음과 같이 응급 위기 사안의 경우에는 주변 친구들의 모방이나 동조가 일어날 수 있고, 심리적 불안이 높아져서 심각한 정서적 혼란을 일으킬 수도 있으므로 더욱 세심한 개입이 필요하다.

학교는 학생들의 성장과 발달에 매우 중요한 공간이다. 이런 학교에서 위기 상황이 발생하면 학교가 혼란에 빠질 수 있다. 학교를 하루빨리 정상화하고 안정적으로 운영하기 위해서는 학교 구성원 모두가 위기 대응에 준비해야 한다.

학교에서 위기 대응은 어느 한 사람만의 일은 아니다. 모두 각자의 위치에서 각자 할 수 있는 일을 해야 한다고 볼 때, 상담교사의 역할은 심리적 지원일 것이다. 물론 상담교사가 위기 개입의 전문가는 아니다. 고위험이나 응급 위기 사례는 반드시 전문기관으로 연계해야 한다. 따라서 연계할 수 있는 안목도 중요하다.

1부에서는 위기 상황에서 연계 외에 학생들의 심리적 안정을 돕거나 심리교육을 했던 경험을 나누고자 한다. 위기 사안은 대부분 예고 없이 일어난다. 누구도 예상하지 못한 일을 갑자기 만난다. 그럴 때 너무 놀란 나머지 무슨 일을 어디서부터 해야 할지 잘 떠오르지 않기도 한다. 흔히 말하는, 뇌가 얼어붙는 현상이 일어난다. 평소에는 잘 작동하던 기능들이 마비된 듯 멍한 상태가 되기도 하고 알던 것이 생각이 나지 않아 우왕좌왕하기도 한다. 그럴 때를 대비해 언제 어디서든 위기 사안이 발생했을 때 찾아볼 수 있는 위기 개입 매뉴얼과 사안 처리 방법, 심리교육 자료가 필요하다.

크고 작은 사건이 우리의 성장을 방해하기도 하지만 때론 위기 사건 이후 더 단단해지고 성장하기도 한다. 위기가 성장의 기회가 될 수도 있다는 믿음으로 이번 장을 준비했다. 위기 개입은 작지만 강력한 힘을 발휘할 것이다.

1장

상실의 아픔을
함께 나눠요.

◆ 위기 상황 시 심리교육은 왜 필요한가? ◆

나의 고교 시절 기억을 떠올리면, 즐겁고 행복했던 기억보다는 어른이 된 지금도 꺼내기 힘들고 무거운 기억이 오래 나를 괴롭히곤 한다. 그중 하나를 꺼내려 한다.

그날은 1학년 2학기 기말고사 첫날이었다. 시험 공부를 하다가 딱 5분만 자려고 눈을 감았다 떴는데 날이 밝아 버린 참사의 날이기도 했다. 시험 공부 대신 수면 공부를 하고 난 터라 속상한 마음과 걱정되는 마음, 나 스스로에 대한 자책까지 복잡한 마음을 안고 학교에 갔다. 그런데 교문 앞 분위기가 여느 날과는 사뭇 달랐다. 시험에 대한 긴장감은 아닌 것 같고 뭔지 모를 싸한 분위기가 느껴졌다.

'이 분위기 뭐지?'라는 생각도 잠시, 어디선가 다가온 친구가 조용하게 속삭였다.

"너, 그거 알아? 글쎄 설이가 자살했대."

직감적으로 스친, 여느 날과는 사뭇 다른 교문 앞 분위기의 실체가 드러나는 순간이었다.

마치 영화 속 한 장면처럼, 나만 멈추어 있고 주변은 아무 일도 없다는 듯 평소대로 돌아가고 있는 느낌이었다. 소리는 들리나 내용은 들리지 않고, 이리저리 오가는 사람은 있으나 현실감은 없는 순간이었다. 빨리 시험 보러 가자며 잡아끄는 친구의 손길이 아니었으면 어쩌면 영영 그 자리에서 망부석이 되었을 것 같은.

교실에 들어섰을 때 분위기는 술렁이고 있었고 각자의 놀란 마음을 삼삼오오 모여 수군거리며 달래고 있었다. 그런데 더 놀라운 건 지난주까지 학교에 와서 같이 공부하던 친구가 죽었다는데 학교는 아무 일도 없다는 듯이 그대로 돌아간다는 사실이었다. 사흘간의 시험은 아무 탈 없이 잘 치러졌고 선생님들은 어느 때보다 더 힘이 들어간 목소리로 '조용 조용!'을 외치셨다. 그 누구도 시험 기간 내내, 그리고 그 이후 겨울방학이 시작되는 날까지도 공식적으로 설이의 이야기를 입 밖으로 꺼내지 않았다. 학교에는 추측만이 떠돌았고, 선생님들은 더욱 더 큰소리로 '닥치고 공부'를 외쳤다.

나중에 안 사실이지만 당시 교장 선생님께서는 전 교직원에게 설이 사건에 대해 함구령을 내렸다고 한다. 당시 선생님들께서는 설이 이야기를 입 밖에 냈다가 혹시라도 아이들이 동요할까 봐 두려웠을 것이다. 남아 있는 학생들을 지키고 보호하고 싶어 택한 최선의 방법이었을 게다.

사실 그때 우리는 선생님들만 모르는 다른 일도 이미 알고 있었다. 선생님들이 차라리 설이의 죽음을 함께 얘기하고, 친구의 죽음과 같은 큰 상실을 경험할 때 우리 마음에서 어떤 변화가 일어날 수 있는지 솔직하게 알려주었다면 어땠을까? 친구를 그렇게 허무하게 떠나보내고 난 뒤에 겪었던, 뭔지 모를 텅 빈 것 같은 마음이 덜했을지도 모르는데, 그때는 아무도 그 사실을 몰랐을 것이다.

이제는 '닥치고 공부'의 시대는 아니다. 상실의 아픔을 함께 나누고 예기치 못한 일을 겪었을 때 마음에서 어떤 변화가 일어나는지, 이럴 때 어떻게 자기를 돌봐야 하고 옆 친구를 어떻게 도와줘야 하는지에 대한 전문적인 심리교육이 필요하다.

나는 설이의 친한 친구는 아니었다. 이름과 얼굴만 아는, 한 치 건너 사이였지만 같은 학교에 다니던 친구의 죽음은 충격이 컸다. 그 일을 겪고 난 뒤, 시험 첫날 누군가 결석을 하면 머리가 쭈뼛거리고 온몸에 힘이 들어간다. 교사가 된 지금도 특히 시험 첫날 학생이 안 오면 불길한 느낌이 스치곤 한다.

당시 우리 몸과 마음에서 일어날 수 있는 여러 가지 반응에 대한 심리교육을 조금이라도 받았다면, 지금도 진행 중인, 시험 첫날 결석생이 생겼을 때 올라오는 긴장과 머리 쭈뼛거림의 반응은 겪지 않았을지도 모른다.

이 사건처럼 예기치 않은 일을 경험한 학생들에게 심리교육은 꼭 필요해 보인다. 물론 개인의 경험과 심리상태에 따라 개입 여부는 다르겠지만, 심리교육이 필요한 이유를 정리해 보면 다음과 같다.

첫째, 심리적 안정을 찾는데 도움을 줄 수 있다. 심리적 충격으로 나타날 수 있는 불안, 우울, 무기력, 가슴 두근거림, 소화불량 등의 비정상적 반응이 오히려 정상적으로 나타날 수 있는 반응이라는 것을 안내해 주는 것이 필요하다. 자신이 뭔가 잘못된 것이 아니라는 것을 알게 하고 놀란 마음이 천천히 소화되는 과정이라는 것을 알려준다면 심리적 안정을 찾는 데 도움을 줄 수 있을 것이다.

둘째, 하루빨리 일상생활로 복귀할 수 있도록 도울 수 있다. 충격적인 사건 이후에 나타나는 반응에 대처하는 기술을 습득하고 익히는 과정을 통해 조기에 심리적 안정을 찾고, 자칫 스트레스가 장기화되거나 트라우마 상황으로 번질 수 있는 것을 예방할 수 있다. 또한, 심리교육의 안정화 기법을 통해 회복을 촉진하고 하루빨리 일상생활로 복귀할 수 있도록 도움을 줄 수 있을 것이다.

셋째, 재발 방지에도 도움을 줄 수 있다. 트라우마를 경험하는 사람들은 이전에도 트라우마를 겪은 사람들이 많다. 이런 사람들은 이전에 겪은 트라우마가 치유되어 일상으로 복귀하였다 하더라도 또다시 트라우마를 겪게 되어 정서·인지·행동 등에 쉽게 손상을 받는다. 따라서 트라우마를 겪은 사람에게 심리교육을 제공하여 추후 외상 후 스트레스장애(PTSD[2])로 발전하는 것을 예방할 수 있다.

넷째, 지속적인 도움을 받을 수 있도록 지원체계를 연결해 줄 수 있다. 동일한 사건을 경험했다 하더라도 나타나는 반응은 모두 같지 않다. 반응의 시기도 제각각 다르다. 심리교육을 통해 지금 당장은 아니어도 나중에 심리적 고통이 발생할 경우 어디에서 어떻게 도움을 받을 수 있는지 도움 받을 수 있는 곳을 안내하여 지속적인 도움을 받을 수 있도록 정보를 제공하는 일도 심리교육에서 중요하다.

---

2 (post-traumatic stress disorders). 큰 재해나 전쟁 등 강렬한 공포를 수반하는 체험 뒤에 일어나는 정신적인 혼란 상태.

2장

자해하고 나면
쫄리는 마음이 풀려요.

◆ 비자살성 자해 학생 상담 ◆

별이는 고1 여학생이다. 여러 번의 자해와 타인에 대한 공격적 행동, 교사에 대한 불손한 언행, 세상에 대한 부정적 감정, 무기력, 학교생활 부적응 등의 이유로 담임교사로부터 상담을 의뢰받았다.

별이는 약속한 시간보다 10분 전에 위(Wee) 센터에 도착했다. 단정한 옷차림에 긴 생머리를 정수리 부분까지 올려 묶었다. 또래보다 큰 키에 눈이 인형처럼 예쁘다. 한눈에 봐도 아이돌 뺨치는 외모를 가지고 있다. 반갑게 인사하는 상담교사에게 수줍은 미소를 살짝 보이고는 금세 시크한 표정으로 자리에 앉았다. 자신의 인적사항을 적는 오른손등 위에 가는 빗줄기 같은 상처가 눈에 띄었다. 자해 흔적이라는 것을 반사적으로 알 수 있었다. 왼손을 보니 오른손보다 두 배 많은 상처가 그물처럼 엉켜 있다. 눈살이 절로 찌푸려지지만 애써 담담하게, 아무 일도 아니라는 듯 모른 척 넘어갔다.

조금은 아물고 조금은 덜 아문 시린 상처 위에 조용히 앉은 검은 딱지가 주인을 대신해 힘들다고 소리치는 것 같았다. 볼펜을 내려놓을 때까지 잠시 숨을 고르며 기다렸다. 펜을 내려놓는 아이의 눈과 마주쳤다. 가볍게 미소로 인사했다. 무표정한 아이 눈에 상담자의 환대가 얹힌다. 첫 만남은 이렇게, 조금은 어색하고 조금은 호기심 있게 만났다.

"어서 와, 오느라고 힘들지는 않았어?"

"아뇨. 괜찮았는데요?"

"점심은 먹었어? (학생들에게 식사 여부를 묻는 질문은 사소함을 가장한 핵심적인 질문이다. 생명의 공급원이고 돌봄의 증거이고 생기를 알 수 있는 중요한 단서다.)

"……."(말없이 고개를 가로젓는다.)

"배고프겠네? 지금이 두 신데 아직까지 점심도 안 먹고 있었어?"

"배 안 고픈데요?"

오렌지 주스와 간식을 건넸다. 안 먹는다고 할 줄 알았는데 다행히 건넨 주스를 단숨에 마신다. 엉덩이를 앞으로 쭉 빼고 다리를 늘어뜨린 채 앉아 있다. 단순한 습관일 수도 있지만 해볼 테면 해보라는 저항의 몸짓일 가능성도 배제할 수 없다. (저항 자세 스캔하고 일단 패스!) 상담을 간단하게 구조화하여 소개한 후, 대화를 시도해 보았다.

"별아, 여기 오면서 무슨 생각했어?"

"그냥요. 아무 생각 없었는데요?"

"그랬구나? 오기 싫거나 그러지는 않았어? 괜찮아. 여기는 별이의 감정을 솔직하게 얘기해도 되는 곳이니까."

"……(잠시 침묵, 기다린다.) 오기 싫었어요."

"오기 싫었구나. 그럴 수 있지. 근데 오기 싫은 마음이 들었는데도 시간 맞춰서 왔네? 오! 대단한걸. 오기 싫어서 땡땡이칠 수도 있었는데 참고 여기 온 거잖아. 선생님은 별이가 여기 이렇게 온 것 자체만으로도 대단하게 여겨지는데? 칭찬해 주고 싶고 고마운 마음이 드네."

(별이의 얼굴에 옅은 미소가 지나간다. 마음이 누그러지는 모습이 역력하다)

"오기 싫었던 마음을 솔직하게 얘기해 줘서 고마워. 근데 별아, 담임선생님께서 상담을 신청하셨는데, 혹시 별이는 담임선생님께서 왜 상담에 보냈다고 생각해?"

"제가 사고쳐서 그랬을 거예요."

"사고라면, 별이가 생각하는 사고라는 것은 어떤 걸까?"

담임교사가 왜 여기에 오게 했을까를 시작으로 별이의 학교생활을 탐색하고 별이가 지금 가장 힘들어하는 것이 무엇인지, 이 상담을 통해 변했으면 하는 것이 무엇인지 이야기를 나눴다. 그리고 조심스레 물었다.

"손에 상처가 많네?"

"아, 이거요?"(손등을 문지른다)

"선생님이 보기에 많이 아파 보이는데. 아프지 않아?"

"괜찮아요."

"에고. 이 상처는 얼마 되지 않은 거 같은데? 상처가 아물지도 않은 걸 보니 최근에 생긴 상처인가 보네?"

"네. 지난 주말에요."

(오늘이 월요일, 당황스럽지만 그래도 침착하게 마음을 진정시키며)

"주말이라면? 어제?"

"아니요. 지난주 금요일 밤에요."

"저런. 지난주 금요일 밤에 무슨 일이 있었나? 이렇게 상처를 낼 정도로 힘든 일이 있었을까?"

"아니요. 특별한 이유 없는데요?"

"그래? 특별한 일이 없는데, 이렇게 손에 상처를 냈어? 특별한
일은 아니라도 별이가 상처를 낼 수밖에 없는 어떤 이유가 있었
을 거 같은데….”

"저는 그냥 긋고 싶으면 그어요.”

아뿔싸, 그냥이라니. 우리가 만나는 학생들 행동에 그냥은 없
다. 원인을 찾지 못했을 뿐이다. 자세한 이야기를 피하려고 ‘그냥’
이라는 말로 퉁 치고 넘어가려 한다. 좀 더 예민하게 살펴야 한다.
시간이 좀 더 필요하다. 일단 지켜보자! 그래도 툭툭 던지는 말속
에 중요한 정보가 튀어나온다. 그걸 포착하는 예민함이 필요하다.

"그랬구나. 손등 그었을 때 마음은 어땠어?"

"시원하던데요?”

"시원했어? 그런데 선생님은 시원하다는 말이 좀 이해가 안 되
는데 좀 더 설명해 줄 수 있어?"

"그냥 시원해요. 왜 그런지 모르는데 저는 자해하고 나면 쫄
리는 마음이 확 풀리는 기분이에요.”

"그러니까 별이는 쫄리는 마음이 들 때 자해를 하는 거네?"

"……."

고개를 끄덕인다. 별이의 눈에서 눈물이 떨어진다. 비자살성 자해라 불행 중 다행이다.

학교 상담에서 별이처럼 비자살성 자해 학생들을 가끔 만난다. 비자살성 자해는 자살을 목적으로 하지는 않더라도 자신의 신체에 의도적으로 상처를 내는 행동을 말한다. 많은 사람들이 비자살성 자해 행동은 주위의 관심을 받고 싶어서 하는 행동이라고 생각하지만, 실제로는 관심받기 위해 자해하는 경우는 4% 미만[3]이라고 한다. 대개의 경우는 자신의 고통스러운 정서, 즉 불안이나 우울, 분노, 공격성 등을 표출하고 싶거나, 자기 삶에 대한 통제감을 갖기 위해 자해 행동을 한다고 한다.

별이가 '쫄릴 때 자해를 한다'고 한 그 '쫄리는' 순간이 아마도 불안이나 우울감이 별이를 압도한 순간이었을 것이다. 자해라는 행동이 부적절하다는 것을 알면서도 다른 대안을 찾지 못했을 가능성이 크다.

이러한 자해 행동은 자살 시도와 분명히 구별되는 행동이지만, 언뜻 보기에는 자살 시도와 구분하기가 쉽지 않다. 특히 우리가 만나는 대상인 아동·청소년기 학생은 자기조절 능력이 덜 성숙한

---

3 **부록2** (p.115) 자해행동에 대한 오해와 진실

시기여서 자칫 잘못하면 신체에 심각한 손상을 입힐 수도 있다. 실제로 반복적인 자해 행동이 점차 발전하여 자살 시도로까지 이어지는 예도 있다.

상담이 진행되면서 별이의 발달 배경을 듣게 되었다.

별이가 첫돌이 지나 이제 막 걸음마를 떼었을 때 어머니가 병으로 돌아가신 후, 아빠와 두 살 위 언니랑 셋이 살았다고 했다. 아빠는 막노동하면서 별이와 언니를 홀로 키우셨다. 하루 벌어 하루를 살아내야 하는 혹독한 현실 앞에서 별이 아빠는 다정함보다는 퉁명스럽고 투박한 말이 앞섰다고 했다. 발달단계에 맞는 자녀 교육은 꿈도 못 꾸었을 것이다. 따뜻한 말 한마디가 더 필요한 아이들이라는 것은 알지만, 고통스러운 현실은 아빠 마음에 고스란히 투영되어 더욱 거친 말을 쏟아냈을 것이다.

별이는 거의 홀로 크다시피 하면서 열일곱을 맞았다. 중학교 때 겪은 왕따 경험으로 친구들에 대한 신뢰를 쌓기에 어려움이 있었고, 공격성과 반항성이 높은 기질 때문에 대인 관계가 원만하지 못했다. 부모로부터 적절한 지지를 받지 못한 별이는 권위자에 대한 적대감이 있었고, 그것은 고스란히 교사에 대한 불손한 언행으로 표현되었다. 학교와 세상과 자신과 타인에 대해 온통 불만으로 가득했다.

별이의 17년 이야기를 듣는 내내 별이가 이렇게 건강한 모습으로 성장한 것이 기적처럼 여겨졌다. 마치 척박한 환경을 뚫고 피어난 소박한 민들레 같았다. '이런 환경에서 이 아이가 어떻게 견뎠을까, 손등에 자해라도 하지 않고서는 견딜 수 없을 만큼 힘들었겠구나' 싶은 생각이 절로 들었다.

별이는 죽으려고 손등에 상처를 낸 것이 아니라 살려고 상처를 내고 있었다. 살고 싶어서 애쓰는 중이었고 살기 위한 자기만의 대처방식이었다.

자해에 그냥은 없다. 죽을 만큼 힘든 그만의 이유가 있다. 여기서 죽을 만큼은 주관적 불편감이다. 누구에게나 적용될 수 있는 기준이 아니다. 내담자가 죽을 만큼이면 그런 거다. 별이는 자신이 자라온 이야기를 덤덤하게 남의 이야기하듯 툭툭 던졌다.

"별이 커온 이야기를 듣고 보니 별이가 정말 힘들었겠다는 생각이 드네. 별이 입장에서 많이 감당하기 힘들었을 것 같아. 너 정말 힘들 만했어."라며 별이의 힘든 마음을 있는 그대로 받아줬다. 죽고 싶을 만큼 힘든 감정을 수용하고 힘든 마음을 표출할 때 좀 더 안정적인 방법을 찾아보자고 제안했다.

별이는 쫄리는 느낌이 증폭될 때 자해를 하고 나면 기분이 확 풀린다고 했다. 그러면서 별이는 '쫄리다'의 핵심 감정은 짜증이라고 했지만, 짜증 외에 불안과 우울, 무기력, 별로 나아질 것이 없을 것 같은 무망감 등의 복합적인 감정을 별이는 '쫄린다'는 말로 표현했을 가능성이 있다. 그래서 그 쫄리는 감정이 올라올 때 할 수 있는 대안을 함께 찾았다. 물론 상담 중에 칭찬거리를 발견하면 바로바로 피드백을 해 주었다. 예를 들면 '선생님 이야기에 귀를 잘 기울이네, 별이가 참 잘 웃네, 약속시간을 잘 지키네'와 같이 아주 작고 사소하여 그냥 지나칠 수 있는 자원에 집중했다.

상담 중에 별이는 '신이 자신에게 아무것도 주지 않았다'고 여러 번 말했다. 자원이 없는 사람은 없다. 다만 발견하지 못했을 뿐이다. 그 발견되지 않은 자원을 상담자가 찾을 수 있도록 도왔다. 다행히, 별이에게는 노래를 좋아하는 자원이 있었다. 상담을 종결하면서 앞으로 '쫄리는' 감정이 올라올 때면 노래를 듣거나 노래방에 가서 목청껏 노래를 부르겠다고 약속했다.

4회기 상담이 끝난 후, 별이는 여전히 학교생활에 어려움이 있다고 했지만 적어도 자해는 하지 않았다. 힘든 생각이 올라오거나 짜증이 날 때는 자신이 좋아하는 BTS 노래를 듣거나, 있는 힘껏 노래를 따라 부르면서 자신의 감정을 다스린다고 했다.

다음은 별이의 상담사례를 요약한 것이다. 상담은 개별성이 워낙 강해서 절대적으로 옳은 방법은 없겠지만 비자살성 자해 학생을 상담하는 선생님들에게 작은 도움이 되길 바란다.

『비자살성 자해 상담 사례』

회기	상담 목표	상담 내용
1	• 상담 구조화 • 자기평가 실시 • 자해행동 파악 • 안정화 기법 훈련	• 소개하기: 상담자 소개, 상담회기 및 오늘 다룰 내용 안내 • 자기보고식 자해 평가 기록지 작성 부록3 (p.118) • 자해경험에 대한 이야기 나누기 　(자기보고식 자해평가 기록지 3, 5, 8, 9번에 대한 　이야기를 심층적으로 나눔) • 나의 주된 감정 이해하기 • 안정화 기법 중 한 가지 이상 훈련하고 마무리 　부록4 (p.128, 위기 상황 시 심리교육 STEP1)
2	• 학교생활 탐색 • 대인관계 탐색 • 자기 감정과 생각, 　행동 이해하기 • 감정조절 방법 • 안정화 기법 훈련	• 학교생활 탐색 • 가족, 친구, 대인관계 탐색 • 자해하기 직전에 몸에서 느껴지는 감각, 정서에 대한 이야기 나눔 • 부정적 감정이 올라올 때 스스로 감정 조절하는 방법 배우기 • 안정화 기법 중 한 가지 이상 훈련하고 마무리
3	• 스트레스 　대처기술 습득 • 안정화 기법 훈련	• 스트레스 상황을 해결하기 위해 자해가 아닌 안전한 대안 찾기 • 자해 행동을 멈추기 위한 준비 • 안정화 기법 중 한 가지 이상 훈련하고 마무리
4	• 나를 해치는 생각 　바꾸기 • 실천기술 작성 　마무리	• 자해와 관련된 잘못된 생각 구분하기 • 편지쓰기 : 미래의 나에게 • 실천기술 생각하고 작성하기(긍정 정서 경험 촉진하기) 　부록5 (p.135)

3장

여친의 이별 통보로
죽고 싶어요.

◆ 자살 시도 학생 상담 ◆

태양이는 고2 남학생이다. 가정의 불화, 여친의 이별 통보로 죽고 싶어 자살을 시도했던 학생으로 담임교사로부터 의뢰받았다.

태양이는 고1때 학생정서·행동특성검사 관심군 학생으로 상담을 하려고 시도했지만, 본인이 거절하여 위(Wee) 클래스 문턱을 넘기가 힘든 학생이었다. 그런데, 이번엔 자살을 시도했다가 친구의 도움으로 새로운 삶을 살게 되면서 위(Wee) 클래스에서 상담을 시작하게 됐다.

"작년부터 선생님은 태양이를 만나고 싶었는데, 1년이 지나서야 이렇게 만나게 되니, 무척 반갑네."

태양이는 고개를 푹 숙이고, 바닥만 쳐다봤다. 전혀 상담에 대한 의지가 없어 보였다. 위(Wee) 클래스에서 자주 만날 수 있는 주고객 비자발적 내담자다.

태양이가 입을 꾹 다물고 있을 때 입을 열 수 있게 하는 방법은 아마도 먹을 것을 이용하는 방법일 것 같았다. 금강산도 식후경이라고 하지 않았던가?

"선생님이 지난주에 맛있는 핫초코 사 놨는데, 한 잔 줄까?"

태양이의 대답을 기다렸다. 잠시 침묵이 흐르더니 이내 상담교사를 쳐다보며 고개를 끄덕였다.

핫초코를 건네고, 그것을 마시는 태양이를 자세히 바라보니 머리가 헝클어져 있었다. 교복도 구겨져 있었고, 턱에는 수염이 드문드문 나 있었다. 한창 외모에 관심을 가지고 이성에게 잘 보이고 싶은 사춘기 고등학생 모습과는 거리가 멀었다. 요즘은 남학생도 비비 크림을 바르고 눈썹을 손질하기도 하던데, 담임선생님께서 이야기해 준 것처럼 자살 시도 이후 많이 힘들어 보였다.

"태양아, 위(Wee) 클래스까지 와 줘서 고마워. 선생님이 태양이가 ○○강에 갔었던 얘기를 담임선생님한테 간단하게 들었는데 그 얘기 좀 해볼까?

"음….(한참을 머뭇거리다가) 제가요, 음, 죽으려고, 지난주에 ○○강 다리에서 떨어지려고 했어요."

"그랬구나. 사람은 살다 보면 힘든 일이 있을 때, 죽고 싶은 충동을 느낄 때가 있어. 태양이가 그랬나 보구나. 근데 어떤 게 태양이를 그렇게 힘들게 했을까?"

"사실은, 집에서 엄마랑 아빠가 자주 싸워서 집에 들어가기 싫을 때가 많아요. 두 분이 부부싸움을 하고 이혼할 거라고 하면서 저보고 누구랑 살고 싶냐고 물어요. 참…. 어차피 둘이 좋아서 결혼하고, 내 의사와 상관없이 저를 낳고, 이제는 무책임하게 저보고 누구를 선택하라고 하시니. 완전 짜증나고 속상해요. 집에 들어가기 싫을 정도로요."

"부모님의 부부싸움으로 집에 들어가기 싫었구나. 두 분은 자주 싸우시니?"

"아빠가 일주일에 사흘은 술을 드시고 집에 들어와요. 말다툼으로 시작해서 나중에는 물건을 집어 던지면서 싸움을 하세요. 그럴 때 너무 힘들어요. 그래서 그 소리 듣기 싫어서 제 방에 들어가 이어폰을 꽂고 음악을 크게 들어요."

"그렇구나. 많이 힘들었겠다. 그러면, 지난주에 ○○강 다리에서 자살하려고 했을 때도 부모님이 싸우셨던 거야?"

"(고개를 가로젓는다) 음, 사실은 제가 고1때부터 사귀던 여친이 있었는데, 걔가 저보고 헤어지자고 했어요. 저는 걔를 처음 볼 때부터 딱 제 스타일이었어요. 그래서 쫓아다녀서 겨우 번호 알고, 사귀게 되었거든요. 선생님도 보시면 알 거예요. 진짜 이뻐요. 근데, 걔가 저보고 갑자기 헤어지자고 했어요. (눈물이 흐른다.) 제가 너무 많이 좋아했나 봐요. 너무 힘들어서 학교에서 석식도 안 먹고 집에 들어갔는데, 아빠가 술을 드시고 들어오셨어요. 역시나 두 분은 그날도 싸우셨어요. 그때 아빠가 미워서 정말 죽이고 싶었어요. 그래서 집 밖으로 무작정 나와서 ○○강 다리 위로 올라갔어요. 가는 중에 중학교 친구들 단톡방을 봤어요. 거기서 친구들이 뭐하냐? 하고 물어보길래 나 지금 죽으러 ○○강 다리 위로 간다고 했지요. 그랬더니 친구 중 한 명이 경찰에 신고를 했나 봐요. ○○강 다리 위에 서서 강물을 보며 '나 이렇게 죽으면 누가 슬퍼해 줄까? 전 여친이 날 위해 울어 줄까? 내 장례식에 올까?' 하는 생각이 막 머릿속에 지나가는데 경찰이 온 거예요. 경찰 아저씨의 설득으로 저의 죽으려던 계획은 실패로 끝난 거죠."

"그래. 많이 힘들었겠다. 솔직하게 너의 이야기를 해 줘서 고마워."

그날 이후 태양이는 위(Wee) 클래스에서 10회기 상담을 받으면서 심리적 안정을 찾아갔다. 태양이는 다리 위에 올라갔을 때 너무 무서웠다고 했다. 그리고 자살 시도 이전보다 학업에 매진하여 본인이 바라던 대학에 진학했다. 상담 이후 다시 자살 시도를 하지 않았다.

태양이의 상담과 더불어 학부모 상담을 병행했다. 전문적인 가족상담 접근이 필요해 외부 상담 기관에 의뢰하여 가족상담도 진행했다. 가족상담이 진행될수록 안정되어 가는 태양이의 모습을 관찰할 수 있었다. 자살 시도 학생의 상담 개입을 통해 학생뿐만 아니라 학생이 속한 가정까지 변화하는 사례를 경험했다.

다음은 태양이의 사례를 토대로 자살 시도 학생 상담 시 참고할 수 있는 상담 예시를 제시했다. 실제 자살 시도 학생을 상담할 때 참고자료로 활용할 수 있다. 하지만 상담은 개별성이 있으니 상황에 맞게 사용하기 바란다.

『자살 시도 상담 사례』

회기	상담 목표	상담내용	구체적 자살 의도 파악
1	상담 구조화	• 상담은 비밀보장(O) 자살은 비밀보장(X) • 자살 원인에 대해 **충분히 이야기 할 수 있도록 하기**	"대부분의 상담은 비밀을 보장해 줄 수 있지만, 자살은 비밀보장을 해 줄 수 없단다. 왜냐하면 무엇보다 ○○이의 안전이 중요하기 때문이야. ○○이가 안전하지 않다고 판단되면 다른 사람들에게 이야기할 수밖에 없단다." "죽고 싶다고 했는데, 무슨 일이 있는지 이야기해주면 좋겠어."
2	문제 정의	• 자살은 충동적인 경우가 많기 때문에 상담교사는 당황할 수 있다. • 당황스럽지만 **침착함 유지** • 자살의 **위험성을 파악하기**	"혹시 지금 자살을 생각하고 있니?" "만약, 있다면 그 이유는? 일주일에 얼마나 생각하니?" "현재 자살에 대한 구체적인 계획이 있니?" "언제, 어디서, 어떤 방법으로?" "과거에 자살을 시도한 적이 있을까?" "언제, 어디서, 어떤 방법으로, 이유는?" "최근 가까운 사람의 자살이 있었을까?" "누구인지 이야기해줄 수 있을까?"
3	지지 하기	• 현재 삶이 힘들어서 자살을 생각하고 있기 때문에 **충분히 지지, 격려하고 수용해** 주는 것이 필요함	"네 입장에서 그렇게 생각했다면 너의 생각이 이해가 된다." "다른 생각과 다른 감정을 가지면 다른 결론을 내릴 수 있지 않을까?" "음, 맞아!" **(자살하려는 마음은 이해가 되지만 자살을 시도하려는 행동은 용납(허용) 되지 않음을 알림)**

4	안전확보 대안탐색	• 자살에 대한 생각을 충분히 이야기하면서 **자신을 객관적으로 바라보도록** 도와주는 것이 필요 • 촉발요인 찾기 • 자원탐색 • 자살 도구 제거 하도록 설득하기	"자살을 하게 되면 어떤 것이 좋아질까?" "최근 자살을 생각하게 된 이유가 무엇인지 이야기해줄래?" "현재 무엇이 바뀌면 자살하지 않고 살 수 있을까?" "자살하려고 준비한 약 혹은 도구는 이제 필요 없을 것 같은데, 선생님과 함께 버리는 게 어떨까?"
5	계획 세우기	• 현재 내담자가 할 수 있는 일의 **우선순위** 정하기 • 생명존중 서약하기 • 도움 요청하기	"현재 힘들고 어려운 일에서 벗어나기 위해서는 무엇을 하는 것이 좋을까?" "힘들어서 자살까지 생각했지만, 앞으로는 나를 잘 돌보고 나는 소중한 사람이라는 거 꼭 기억하면 좋겠어. 자살하지 않겠다고 선생님이랑 약속하자." "지금까지 이야기를 들어보니, 혼자 해결하기 어려울 만큼 힘들었을 것 같네. 힘들 때는 누군가의 도움을 받는 것이 필요해. 학교에는 위(Wee) 클래스가 있으니 언제든 와서 도움을 요청할 수 있어. 자살 충동은 주로 밤이나 새벽에 많이 느껴질 수 있으니, 1577-0199 혹은 생각이 안 나면 112, 119, 117, 1388에 전화를 걸어 도움을 요청해도 도움을 받을 수 있어. 선생님이 핸드폰에 저장하는 걸 도와줄게."

4장

자동차가 무서워요.

◆ 트라우마 위기 학생 상담 ◆

　여름이 시작되려는 6월의 어느 날 위(Wee) 클래스 앞에 모자를 푹 눌러쓴 여학생이 서 있었다. 점심을 먹고 막 위(Wee) 클래스에 들어가려다 여학생을 발견하고 혹시 상담을 받으러 온 것인지 물었다. 수줍은 듯 고개를 살짝 들고 끄덕였다. 학생을 위(Wee) 클래스로 들어오게 한 후 소파에 앉아서 잠시 기다리라고 했다. 소파에 앉아서 고개를 숙인 채 손가락을 만지고 있는 모습이 어딘가 불안해 보였다. 그래서 학생에게 시원한 음료수를 건네며, 위(Wee) 클래스를 찾아온 이유를 물었다. 조심스럽게 고개를 들어 자신은 1학년이고 이름은 해솔이라고 했다. 지속되는 불안감과 자해 충동 때문에 힘들어서 상담을 받고 싶어 왔다고 했다.

해솔이는 초등학교 4학년 때 가족들과 휴가를 다녀오던 고속도로에서 과속으로 달리는 차가 중앙선을 침범하여 충돌하는 교통사고를 당했다. 그 사고로 함께 차에 타고 있던 5살 남동생을 그 자리에서 잃었다. 그리고 해솔이와 아버지, 어머니는 큰 부상을 입어 병원에서 입원 치료를 받았다. 해솔이도 다리가 골절되어 수술을 받고 한 달 이상을 병원에 입원했었다.

예상치 못한 교통사고로 해솔이와 해솔이 가족은 힘든 시간을 보냈다. 특히 어머니가 동생을 잃은 슬픔 때문에 술을 마시고 화를 내는 일이 잦았고, 우울증이 생겼다. 어머니는 술을 마실 때마다 집안의 물건을 부수며 자주 아버지와 싸웠다. 그러다 해솔이가 중학교 1학년 때 부모님은 이혼했다. 부모님의 이혼 후 아버지는 지방으로 일을 하러 갔고, 해솔이는 어머니와 지냈다. 어머니는 힘들 때마다 술을 먹고 해솔이에게 욕을 하며 소리를 질렀다. 동생의 죽음과 부모님의 이혼으로 해솔이는 주변 사람들의 눈치를 보며 불안이 생겼고 점점 위축되었으며, 어머니와의 관계도 나빠졌다.

해솔이는 어머니가 술을 마시면 동생 이야기를 하면서 욕과 폭언을 하여 힘들다고 했다. 중학교 2학년 때는 어머니의 폭언을 견디다 못해 어머니께 화를 내고 대들었다. 하지만 어머니는 그런 해솔이에게 더 크게 화를 내고 물건을 집어 던지기까지 했다. 그래서 해솔이는 어머니 때문에 너무 힘들다고 아버지께 전화했지만, 아버지는 해솔이에게 참으라고만 했다. 해솔이는 자신을 도와줄 사람이 아무도 없다며 절망에 빠져 있다.

사고 후 해솔이는 차를 타고 이동하는 것이 힘들어졌다. 그리고 차의 속도가 높아지거나 자동차 경적 소리를 들으면 깜짝깜짝 놀라서 몸이 얼어붙었다. 사고 직후 들리던 사이렌 소리와 사람들의 고함 소리에 놀랐던 것 때문인지 지금도 사이렌 소리를 들으면 그날의 사고기억이 떠올라 가슴이 두근거린다고 했다.

해솔이는 교통사고가 재현되는 악몽을 꾸기도 했다. 최근에는 시험공부를 하다 피곤해서 책상에 엎드려 깜박 잠이 들었는데, 가위눌림을 경험하기도 했다. 그리고 하루에 한 끼도 제대로 먹지 못해서 하루가 다르게 야위어갔다. 게다가 빈혈과 두통, 소화불량으로 일상생활을 하기에 어려움을 겪고 있으면서도 병원에 가지 않고 계속 진통제만 먹으며 견디고 있었다.

해솔이는 교통사고 이후 불안으로 인해 친구를 사귀는 게 힘들어졌다. 중학교 1학년 때는 왕따를 겪으며 학교에서조차도 자신의 마음을 알아주거나 위로해주는 사람 하나 없이 외롭게 지냈다. 그러다 중학교 3학년 때 죽고 싶다는 생각이 들었다고 했다. 하지만 자신마저 죽으면 어머니가 더 힘들어 할 것 같아 죽을 수 없었다고 했다. 해솔이는 스트레스를 해소하기 위해 커터 칼로 손등에 상처를 내기 시작했다. 처음에는 상처가 아팠고 피가 나는 걸 보면 너무 무서웠지만, 자신이 스트레스를 받을 때마다 손등을 긋고 싶은 충동을 억누를 수 없다고 했다.

위(Wee) 클래스에서는 해솔이를 돕기 위해 5회기의 상담을 했고, 매회기마다 과제를 내주면서 상태를 점검했다. 복합트라우마 증상을 가진 학생을 상담할 때 무엇보다 먼저 체크해야 하는 것이 안전확인이다. 체크해야 할 항목으로는 식사, 수면, 거주 사항, 외상을 떠올리게 하는 자극으로부터의 보호 여부, 약물 사용 여부, 중독 문제 등이다. 특히 매회기마다 꼭 체크해야 하는 것은 식사와 수면 상태이다. 해솔이도 식사와 수면 상태가 좋지 않았다. 그래서 해솔이의 안전과 건강을 위해 매일 일정한 시간에 잠자기, 밥 먹기를 과제로 내주었다. 해솔이는 성실하게 과제를 잘 수행하였고 그 결과 건강 상태가 조금씩 좋아졌다.

해솔이의 첫 회기 상담에서는 외상 후 진단 척도를 사용하여 트라우마 증상을 확인했고, 자기돌봄 질문지로 해솔이의 현재 상태를 파악했다. 그리고 사고와 관련된 유사한 경험이 중복될 때 어떻게 대응하는지도 살펴봤는데, 자해충동이 생기는 것을 알 수 있었다. 해솔이 손등에 있는 벌겋게 부풀어 오른 상처를 보며 그동안 해솔이가 얼마나 힘들었을지 안타까운 마음이 들었다. 해솔이는 교통사고와 동생의 죽음으로 인한 트라우마가 있었다. 그 트라우마를 제대로 치료하지 못한 채 어머니의 폭언과 욕설, 폭행의 트라우마가 덧입혀진 채로 지금까지 살아왔다. 트라우마로 인해 해솔이에게 나타나는 증상은 자해 충동 외에 악몽과 가위눌림, 사고 난 날의 기억이 불쑥불쑥 떠오르는 것, 사람들과 어울리지 못하는 것, 밥을 잘 먹지 않거나 폭식을 하는 습관 등이 있었다. 이런 증상은 복합외상 증상으로 침습, 신체 과각성, 플래시 백, 악몽, 대인관계 회피 등이 보였다. 첫 회기 상담을 통해 해솔이는 자신에게 나타나는 증상이 트라우마로 인한 것이라는 걸 알게 되었고, 그 증상들을 해결하고 싶어 했다. 특히 사고날의 기억과 어머니의 폭언으로부터 벗어나고 싶다고 말을 했다. 1회기 상담을 마무리하며 상담 후 수고한 나를 위로하고 격려하는 방법을 제안했는데, 자신이 좋아하는 영화를 보면서 쉬고 싶다고 했다. 2회기 상담에서는 해솔이의 트라우마 반응에 대한 심리교육과 정상화 교육을 했고, 자해충동이 생길 때, 대처 방법으로 호흡법과 안전한 장소 떠올리는 것을 연습했다. 해솔이는 그림 그리는 것을 좋아해서 혼자 있을 때 늘 그림을 그렸다. 그래서 3회기 상담 때 정서조절 연습의 방법으로 '선 속에 숨은 내 마음'이라는 미술치료를 적용했는데 자신이 그린 그림으로 이야기할 때 우울감이 해소된다고 했다. 해솔이의 자동차 경적소리와 사이렌 소리로 인한 놀란 반응을 진정시키기 위해 주관적 불편감 정도를 확인하여 불편감을 낮추는 연습을 했다. 호흡법, 음악 듣기, 가장 편안한 장소에서 안정을 취하거나 담요를 사용해서 안정감 느끼기 등을 연습했고 이 중 가장 효과적이고 도움이 되는 음악 듣기와 담요사용해서 안정감 느끼기를 꾸준히 연습했다. 3회기 상담 후 어머니를 상담했다. 어머니는 해솔이의 상처를 알고 있었지만, 자신의 상처가 깊다 보니 딸의 상처를 돌보지 못했던 것 같다고 했다. 그리고 해솔이를 위해서라도 어머니도 상담을 받고 일상적인 생활을 잘하고 싶다고 하여 지역의 정신건강복지센터에 상담을 연계했다. 또 술을 드시는 습관에 대해 치료를 받아보도록 권유했다.

4회기 인생선 작업 때는 교통사고로 인한 트라우마 기억을 다뤘다. 해솔이가 가족과 함께했던 즐거운 기억을 떠올리며 그때의 감정과 느낌을 긍정자원으로 가져올 수 있도록 도왔다. 그 긍정자원을 교통사고 기억이 떠오를 때마다 떠올릴 수 있도록 연습도 했다. 5회기 상담을 하며 해솔이는 자원 찾기를 통해 자신의 미래 모습을 그려보며 미술치료사가 되고 싶다고 이야기했다. 그리고 꿈을 이루기 위해 그림 연습과 공부를 열심히 해보겠다고 했다. 상담을 종결하며 해솔이는 늘 쓰고 다니던 모자를 벗었고, 더 이상 자해 충동을 느끼지 않았다. 그리고 하루 세끼를 꼬박꼬박 챙겨 먹고, 저녁 때는 어머니와 근처 공원에 나가 배드민턴을 치기 시작했다. 여전히 자동차를 타는 일은 힘들지만, 상담 전보다는 차에 대한 불안이 줄었다고 했다.

해솔이는 2학기 개학 후 다시 상담을 요청했다. 2학기 상담에서는 그동안 배운 정서조절, 자기주장, 나를 돌보는 방법을 연습하며 내적 힘을 견고하게 다질 수 있도록 도왔다. 또한, 해솔이가 가진 자원 찾기와 진로 탐색 상담을 함께 진행했다. 약 1년에 걸쳐 상담이 거듭될수록 해솔이의 표정은 점점 밝아졌고, 스스로 문제를 해결할 수 있을 것 같다고 했다.

다음은 해솔이의 상담사례를 정리한 것이다. 복합 트라우마를 경험한 학생 상담 시에 탐색하고 적용해 볼 수 있는 내용으로 정리했다. 하지만 사례에 따라 다르게 적용될 수 있으니 상황에 맞게 참고하기 바란다.

『트라우마 위기 학생 상담 사례』

회기	상담목표	상담내용	과제

1	상담 구조화	• 상담동기 탐색
		• 비밀규정 안내
		• 신체안전 확인 **부록7, 8** (p.139~142)
		• 트라우마 평가
		  ▶ 외상 후 진단 척도 사용 **부록9** (p.143)
		• 트라우마 위기 평가
		  ▶ 자기 돌봄질문지 **부록10** (p.146)
		• 촉발사건과 대응방법 확인
		• 상담 후 수고한 나를 위로하고 격려하는 시간 갖기
			매일 정해진 시간에 밥먹기, 운동하기, 잠자기

2	트라우마 교육 및 안전한 대처 방법 연습	• 신체안전 확인
		• 트라우마 후 반응 평가 및 심리교육
		  ▶ 트라우마 후 정서, 인지, 행동적 반응 탐색,
		• 트라우마 반응에 대한 정상화 교육
		  ▶ 침습, 회피, 철수, 신체 과각성, 플래시 백, 악몽, 정서 변화에 대한 반응 정상화 교육
		• 안전한 대처 방법 확인
		  ▶ 스트레스나 트라우마 반응에 대한 내담자의 대처 방법 확인 후 안전한 대처 방법 안내
		  ▶ 이미지 심상법(안전한 장소 떠올리기), 호흡법, 지금-여기에 집중하기, 의자에 앉아서 몸의 감각 느껴보기
		• 상담 후 수고한 나를 위로하고 격려하는 시간 갖기
			안전한 대처 방법 연습하기

3	정서조절 연습	• 신체안전 확인 • 주관적 고통 정도 작성: 현재 느끼는 불편감의 　종류와 정도 탐색 　▶ 0점~10점까지 불편감을 느끼는 경험과 정 　　서, 신체 반응 탐색 • 분노 조절 연습하기 　▶ 호흡법, 심상법, 이미지 전환하기 등 연습 • 긍정 정서를 느낄 수 있는 활동하기 　부록5 (p.135) • 선 속에 숨은 내 마음 찾기 • 내담자가 좋아하거나 잘하는 활동을 골라서 상 　담자와 내담자가 함께 해보고 소감 나누기 　(ex, 미술치료, 보드게임 등을 하되 내담자에게 　선택권 주기) • 상담 후 수고한 나를 위로하고 격려하는 시간 　갖기	긍정 정서를 느낄 수 있는 활동 2가지 이상 해보기
4	트라우마 기억처리	• 신체안전 확인 • 인생선 작업으로 기억 재처리 부록11 (p.148) 　▶ 태어나서 현재까지 긍정 기억, 부정 기억 떠 　　올려보고 정리하기 • 가장 좋았던 시간에서의 기억 떠올려보기 　▶ 좋았던 기억에서의 느낌과 감정을 잘 기억할 　　수 있도록 도와주기 • 상담 후 수고한 나를 위로하고 격려하는 시간 　갖기	힘들 때 인생선 작업에서의 좋은 기억과 감각 떠올려 보기

5	대인관계 기술 훈련 및 종결	• 신체안전 확인 • 대인관계 기술 연습 　▶ 자기주장 훈련: 어머니한테 일방적으로 폭언을 들을 때 건강한 방법으로 자기주장 연습, 친구들과 선생님 앞에서 하고 싶은 말, 해야 할 말 연습하기 　(포스트잇에 적어보고 연습하기, 상담실에서 큰 소리로 말해보기) • 자원 찾기 　▶ 인생선 작업에서 가장 좋았던 시간의 기억으로 자원 찾기 　미래의 나의 모습 그려보기: 나의 20대 그려보기 　내가 잘하고 있는 일 찾아보기, 하고 싶은 일 찾아보기, 10년 뒤 꿈을 이룬 나의 모습 상상해보기 • 상담 종결을 위한 '나를 돌보는 방법' 연습 　▶ 안전한 대처 방법, 정서조절 방법 연습 확인 • 상담 후 수고한 나를 위로하고 격려하는 시간 갖기 • 종결 준비 　▶ 트라우마 상황이 다시 닥칠 때 혼자 어떻게 대처할지 연습(안정화 기법 - 지금, 여기에 머무르기, 긍정자원 떠올리기 등) 　▶ 추수상담 안내	집에서 거울보며 자기주장 연습하기, '나를 돌보는 방법' 연습하기와 약속하기

5장

단단한 마음 근육이
필요해요.

◆ 애도 심리교육 ◆

살다 보면 정말 일어나서는 안 될 것 같은 일을 만나곤 한다. 고2 솔이는 지극히 평범한 학생이었다. 학교에서 자살 위험군 학생도 아니었고 평소에 자살에 대해 의심 징후도 전혀 없던 여학생이었다. 오히려 교사들 사이에서 모범생으로 인정받던 착실한 아이가 고2에 올라와서 치른 첫 시험을 망쳤다는 이유로 힘들어하다가 결국 극단적인 선택을 했다.

뜻밖의 소식을 들은 학교는 충격에 빠졌다. 같이 공부하던 친구들도 너무 놀란 나머지 깊은 침묵만 흘렀다. 솔이와 친분이 있던 친구들은 훌쩍훌쩍 울기도 했고, 교사들도 너무 갑작스런 비보에 놀란 마음을 진정시키느라 애쓰고 있었다. 이런 충격적인 상황에서도 교사들은 아이들의 마음부터 챙겨야 했다. 학교가 온통 충격에 빠진 상황에서 학생을 위한 애도 심리교육을 실시했다.

애도 심리교육은 학생들의 살아온 경험이 모두 다르고 취약성이 다르기 때문에 다소 조심스럽고 걱정되는 마음으로 준비를 해야 한다. 어떤 친구들은 안 그래도 힘든데 이런 거 왜 하느냐고 불편한 감정을 드러내기도 하고 어떤 학생은 감정이 촉발되어 울음을 터뜨리기도 한다. 애도 심리교육에 참여하는 학생들의 반응도 각양각색이다. 이 또한 당연한 반응이고 예상할 수 있는 일이다. 조심스레 준비한 애도 심리교육의 4단계를 소개한다. 자세한 내용은 부록 12⁴를 참고하기 바란다.

1단계는 긴장 풀기 연습이다. 우리 몸은 예상치 못한 사건이나 상황을 만나면 긴장을 하게 된다. 긴장은 안전함을 느끼지 못하고 위험을 감지했다는 신호다. 우리는 평소에 긴장과 이완을 반복하며 살아간다. 예를 들면 중요한 시험을 앞두고 있거나 자신의 발표 차례가 다가오면 몸이 잔뜩 긴장한다. 그러다가 시험이나 발표가 끝나고 나면 다시 원래의 상태로 이완된다. 이렇게 힘이 들어

---

4 **부록12** (p.151) 애도 심리교육

가고 빠지기를 반복하면서 생활해야 하는데 긴장과 이완을 반복하지 못하고 계속해서 긴장 상태로 지내게 되면 몸과 마음에 이상 증상이 나타날 수 있다. 이는 너무 많은 음식을 먹었을 때 소화가 안 되듯이 마음이 체한 상태라고 보면 된다. 놀라 있는 마음을 풀어주기 위해 긴장 풀기 연습을 먼저 하는 것이다. 간단하게 할 수 있는 방법은 호흡법, 착지법, 지금 여기에 초점 맞추기, 안전지대에 머무르기 등이 있다.

2단계는 상실의 단계와 우리 몸의 변화에 대한 소개이다. 상실 이후 우리에게 어떤 반응이 어떤 단계로 일어날 수 있는지 알려준다. 뜻밖의 일을 경험하게 되면 우리 몸은 위험으로부터 자신을 보호하기 위해 몸과 마음, 행동과 생각에 변화가 일어난다. 이때 우리의 얼굴이 모두 다르듯, 상실의 반응도 모두 다르게 나타날 수 있다는 것을 꼭 알려주어야 한다.

3단계는 우리 몸의 경고신호를 확인하고 자기를 돌보는 것이다. 다른 어느 때보다 사건 이후 4주 정도는 자기를 돌보기 위해 스스로 애써 노력해야 한다. 이완 훈련하기[5], 규칙적인 생활하기, 즐거운 활동하기 등 자기 돌봄이 필요하다. 또한 옆 친구에게도 비난이나 질책, 원망보다는 격려의 말, 희망의 말, 위로의 말을 건

---

5 몸과 마음이 놀라 긴장하게 되면 얕고 빠른 호흡을 하게 되는데 느리고 긴 호흡으로 바꿔서 몸과 마음을 편안하게 하는 것

네주어야 한다는 것도 교육할 필요가 있다.

4단계는 도움이 필요한 신호를 인지하고 도움 받을 수 있는 곳을 안내해야 한다. **안정화 기법**[6]을 사용하고 자기 돌봄을 했는데도 주관적 고통 정도가 6점 이상이라면 주변에 있는 상담센터나 전문가에게 도움을 요청해야 한다. 도움을 요청하는 것도 용기라는 것을 알려주고 도움 받을 수 있는 기관을 안내하는 것도 잊지 말아야 한다.

애도 심리교육에 대한 자세한 내용은 부록에 안내해 두었다. 갑작스럽게 애도 심리교육을 해야 하는 상황이 생긴다면 당황하지 말고 유용하게 사용하기 바란다. 다음은 상담교사가 상실을 경험한 학생을 도울 수 있는 방법을 정리하여 소개한다.

❖ **공감하며 충분히 들어주세요.**

상실을 경험한 학생이 언제든지 위(Wee) 클래스에 찾아와 편안하게 이야기할 수 있도록 **충분히 이야기를 들어주세요.** 우리 상담교사들의 주특기인 경청이 이 과정에서 빛을 발할 수 있습니다. 청소년 시기의 학생들이 건강한 성인과 이야기 나누는 것이 상실을 처리하는 데 많은 도움이 됩니다.

---

6 놀란 몸과 마음, 불안하고 우울한 기분을 진정시키는 방법(ex. 호흡법(복식호흡법), 나비포옹법, 지금-여기 집중하기, 착지법)

선생님도 궁금한 학교 상담실 엿보기

❖ 감정을 표현할 수 있도록 해 주세요.

> **상실을 경험하면 겪게 되는 슬픔의 감정들이 다양하게 표현될 수 있음을 알려주세요.** 분노, 죄책감, 허무함 등의 감정은 정상적인 반응이라는 것을 알려주어 학생이 안심할 수 있도록 도움을 주세요.

❖ 상실의 과정과 극복 방법도 알려주세요.

> **상실의 과정에 대해 알려주세요.** 예기치 않게 찾아온 상실을 경험한 학생은 충격의 상태에 빠져 있습니다. 앞으로 나에게 일어날 일들에 대해 알고 준비한다면 일상생활로 복귀하는 데 도움이 됩니다.
>
> ※ 상실의 과정은 애도 심리교육 자료[7]를 활용해 보세요.

❖ 함께한 추억을 이야기해 보세요.

> 상실을 경험한 사람들이 주변에 함께 있다면 그 사람을 추억하며 같이 이야기를 나누어도 좋다고 알려주세요. 같은 반 친구의 상실이라면 해당되는 반을 대상으로 상담선생님과 함께 그 친구에 대해 이야기 나누며 슬픔과 추억을 공유하다 보면 동질감도 느끼게 되고 나 혼자만 이 슬픔과 아픔 속에 있지 않고 함께 있다는 것을 느낄 수 있습니다.

---

7 **부록12** (p.151) 애도 심리교육

❖ 또래 상담반이 있답니다.

또래 상담반을 운영하고 있다면, 이때 **또래 상담반을 활용**해 보세요. 또래 상담반 학생들에게 애도의 과정 및 친구를 돕는 방법을 알려주시고 주변에 힘들어하는 친구가 있다면 위(Wee) 클래스로 안내하는 역할을 할 수 있도록 지도하시면 됩니다. 그러면 **상담선생님께서 전교생에게 도움을 줄 수 있는 일석이조의 효과를 볼 수 있습니다.**

❖ 안정화 기법을 함께 연습해 주세요.

부록[8]에 제시된 **위기 상황 시 심리교육 1단계**에서 긴장 풀기 호흡법이나 **애도 심리교육 1단계** 긴장 풀기에 나오는 방법을 사용해 보세요. 사람은 극도의 스트레스에 노출이 되면 몸의 균형이 깨지게 됩니다. 다양한 안정화 방법을 사용하여 몸을 안정시켜 정상적인 애도 과정을 도울 수 있습니다.

---

8 부록4 (p.128) 위기 상황 시 심리교육 부록12 (p.151) 애도 심리교육

선생님도 궁금한 학교 상담실 엿보기

❖ 담임선생님도 도와 주세요.

사망한 학생의 **담임선생님**을 관심 있게 보시고 담임선생님에게 필요한 도움
을 주세요. 담임선생님은 학생의 죽음에 대한 충격 및 슬픔을 뒤로 한 채 아이
들을 먼저 챙기시는 경우가 많습니다. 그러다 보면 뒤늦게 밀려드는 슬픔에
힘겨워하게 됩니다. 반 학생들을 챙기면서 본인도 건강한 애도의 과정을 처리
할 수 있도록 정보도 드리고 슬픔을 표현할 수 있도록 도움을 주시면 됩니다.

2부

담임선생님,
혼자 애쓰고 있나요?

2부 여는 글

　학교 구성원 모두는 아이들의 건강한 성장과 변화를 돕기 위해 힘을 모은다. 그중에서 담임교사의 역할이 매우 중요하다. 요즘 같은 코로나 시대에는 담임교사의 역할이 힘겨워 보인다. 교실 문도 들어서기 전에 해야 하는 열 체크를 시작으로 등교하지 않은 학생들 확인 전화, 교실 방역, 수시로 마스크 착용 여부 확인, 급식지도, 쉬는 시간마다 내려오는 학생들 고충 상담, 학생들의 불평, 불만 섞인 짜증 받아주기, 학급 내 갈등 해결, 생활교육, 각종 행정업무 처리 등 수없이 많은 일을 미룰 수도 없이 바로바로 해내야만 한다.

　담임교사는 이런 폭풍 업무 속에서 1년을 살아가는 것도 벅찬데, 학급에 각별히 신경을 써야 하거나 유독 손이 많이 가는 학생이 한두 명 있으면 심적 부담은 가중된다. 이상하게도 대부분의 담임선생님들은 학교의 힘든 학생이 매년 본인의 반에 배정되는 느낌을 받는다고 말한다. 학기 초 학급 배정이 끝나면 '그 애 몇 반에 있어?' 하면서 모두의 관심을 보이는 그런 학생(?)이 꼭 우리 반에 있다. 그럴 때 담임선생님은 힘의 분배를 위해 애를 써야 한다. 손이 가는 그 몇 명의 학생에게 에너지가 쏠리는 건 사실이지만, 그 아이들한테 힘을 다 쓰고 나면 나머지 아이들이 방치될 수 있기 때문이다.

학교에서 생활하다 보면 어떤 담임선생님들은 '우리 반 아이들은 내가 책임질 거야'라는 투철한 책임 의식을 가지고 혼자 끙끙거리는 경우를 종종 본다. 그러다 보니 누군가한테 도움을 요청하지도 않고 힘든 상황을 좀처럼 내색하지도 않는다. 그러나 담임교사가 학생 지도의 전문가이듯, 학교 내에 동료 전문가가 있다는 것을 기억했으면 좋겠다. 담임선생님은 힘든 아이들 몇 명 때문에 힘을 다 쏟기보다는 위(Wee) 클래스 상담선생님과 함께 나누기를 권한다.

특히, 심리적 지원이 필요한 전문 영역의 도움은 위(Wee) 클래스 상담교사에게 연계하여 지원받을 수 있다. 담임교사와 상담교사는 서로 다른 영역에서 아이들의 문제 예방과 성장에 노력하는 사람들이다. 서로가 동료 교사로서 전문적 조력을 할 수 있는 든든한 심리적 안전망이 되기를 희망한다.

이 장에서는 담임교사와 상담교사가 협업하여 학급의 어려운 학생을 도울 수 있는 사례를 엮었다. 도움이 필요한 아이들의 문제를 함께 의논하는 것은 최선의 답을 찾기 위한 과정이라고 생각한다. 학생 지도의 최전방에서 과중한 업무와 학생들의 생활교육을 책임지고 계시는 담임교사 옆에 상담교사가 있다는 것을 알려드리고 싶다.

1장

조금 다른 아이
기다려 주세요.

◆ 초등 주의력결핍 과잉행동장애(ADHD) ◆

(초1, 수업 시간에 집중하지 못하고 산만하고 부주의한 아이)

수업 시간에 쉬지 않고 몸을 움직이는 아이, 수업 내용과 관련 없는 질문을 하여 수업을 방해하는 아이가 있다면 담임교사는 당황스러울 것이다. 그러나 만약 그 아이가 주의력결핍 과잉행동장애(ADHD)의 증상을 가지고 있다면 일부러 교사를 힘들게 하기 위해서 하는 행동이 아니라는 사실을 알아주었으면 좋겠다. 이런 상황에서 가장 힘든 사람은 아이일 수 있기 때문이다. 담임교사는 주의력결핍 과잉행동장애(ADHD)에 대해 이해하여 학급에 의심되는 아이가 있다면 조기에 치료가 이루어질 수 있도록 도와야 한다. 이 장에서는 교실에서 흔히 만나게 되지만, 만날 때마다 어떻게 해야 할지 몰라 당황하게 되는 주의력결핍 과잉행동장애(ADHD) 사례를 소개하고 담임교사의 입장에서 아이를 도울 방법을 안내한다.

가람이는 초등학교 1학년이다. 수업 시간에 교실 여기저기를 돌아다니거나 수업과 관련 없는 질문을 하여 수업에 방해될 때가 많다. 특히 학습지를 할 때 연필을 집어 던지거나 의자에 드러누워 거부하는 일이 잦고, 모둠활동을 할 때는 장난을 치며 참여하지 않아 친구들은 가람이와 함께 활동하는 것을 꺼려 한다. 혼자서 그림을 그릴 때는 집중해서 잘하는데 여럿이 협동화 그리기를 할 때는 때때로 자신이 그릴 자리가 부족하다고 친구들에게 소리를 지르고 물건을 던지는 일이 있다.

평소 담임교사는 가람이를 친절하게 타이르기도 하고, 토큰제를 활용하여 수업에 집중할 수 있도록 하는 등 여러 방법을 시도했다. 하지만 초등학교에 입학한 지 6개월이 지났지만 가람이의 학습태도는 점점 심해져 수업 시간에 수시로 교실을 나가는 일까지 생겼다. 혼자 학교 여기저기를 돌아다니고 복도에서 소리를 지르거나 수업하는 다른 교실에 들어가 수업을 방해하는 등 학교에서 말썽꾸러기로 소문이 났다. 담임교사는 당혹스러우면서도 어떻게 해야 할지 몰라 쩔쩔매고 있다.

담임교사는 가람이의 문제행동이 계속되어 어머니를 학교에 오게 하여 상담을 했다. 어머니는 가람이가 어려서부터 산만하고 고집을 부리는 일이 잦았는데 이는 누구나 발달단계에서 겪는 단순한 문제로 생각했고, 초등학교 입학하면 나아질 거라 여겼다고 한다. 가람이는 집에서도 동생과 자주 싸우고 자신의 마음에 들지 않으면 소리를 지르거나 물건을 집어 던지는 모습을 보인다고 했다. 담임교사는 가람이 어머니와 상담 후 위(Wee) 클래스에 찾아와 도움을 요청했다.

가람이를 만나 본 후 담임교사, 어머니와 함께 가람이의 문제를 의논했다. 가람이가 수업 시간에 보이는 산만하고 학습에 집중하지 못하는 것, 순서를 기다리기 힘들어 하여 부적절하게 끼어들거나 질문이 끝나기 전에 대답을 하는 등의 행동이 주의력결핍 과잉행동장애(ADHD)에서 흔히 볼 수 있는 증상[9]이라고 설명했다. 어머니는 아이가 성장할 때 겪는 정상적인 문제라고 가볍게 생각하고 있다가 주의력결핍 과잉행동장애(ADHD)가 의심된다는 말을 듣고는 굉장히 당황해했다. 어머니가 가질 수 있는 놀람과 당황함에 대해 공감하며 현재 가장 힘든 것은 가람이라는 것을 알려주었다. 그렇지만 어머니께서는 전문 의료 기관에 방문하는 것은 부담된다면서 주저하는 모습을 보였다. 그래서 위(Wee) 센터에서 하는 소아청소년 자문의 사업을 안내하여 가람이가 상담서비스를 받을 수 있도록 했다. 한 달 뒤 가람이는 지역 대학병원의 소아 청소년 정신과 교수님께 종합 심리평가와 상담을 받았는데, 그 결과 주의

---

9 부록13 (p.157) 주의력결핍 과잉행동장애(ADHD)가 의심될 때 확인해 보세요.

력결핍 과잉행동장애(ADHD) 진단이 나왔다.

가람이가 주의력결핍 과잉행동장애(ADHD) 진단을 받은 후 담임교사가 위(Wee) 클래스에 찾아와 조심스럽게 가람이의 교육에 대한 부담감과 걱정을 토로했다. 담임교사의 마음을 충분히 공감해 주었고 담임교사 혼자서 가람이의 문제를 안고 고민할 게 아니라 학교의 선생님들과 함께 협력해서 가람이를 도와야 한다며 담임교사를 안심시켰다.

그리고 며칠 뒤 다시 가람이 담임교사와 어머니를 위(Wee) 클래스에서 만나 가람이를 돕기 위한 방법을 의논했다. 담임교사와 어머니께 주의력결핍 과잉행동장애(ADHD)에 대한 이해를 돕기 위해 주의력결핍 과잉행동장애(ADHD) 관련 자료[10]를 활용하여 안내했다. 담임교사에게는 교실에서 가람이를 도와줄 수 있는 방법으로 행동계약서[11]와 올바른 대화법, 과제 제시 방법, 칭찬법 등을 안내했고, 어머니께는 가정에서 일관성 있게 교육하는 방법 등을 설명했다. 주의력결핍 과잉행동장애(ADHD) 관련자료와 행동계약서는 부록 14와 15를 참고하기 바란다.

---

10 부록14 (p.159) 주의력결핍 과잉행동장애(ADHD) 학생은 이렇게 도와주세요.
11 부록15 (p.161) 주의력결핍 과잉행동장애(ADHD) 학생의 교실행동 계약서.

선생님도 궁금한 학교 상담실 엿보기

2장

방향을 잃은 아이에게
길을 안내해 주세요.

◆ 중등 학습 부진 ◆

(중2, 기초학력 저하로 인한 학습부진)

아이들은 학교라는 울타리 안에서 배움을 통해 성장한다. 아이들의 생김새가 모두 다르듯 배움의 과정과 결과도 다르다. 그리고 배움의 과정과 결과에 따라 아이들이 겪는 학습의 어려움은 다양하게 나타난다. 담임교사는 아이들의 배움의 과정과 결과를 유심히 관찰하여 어려움이 있는 아이들이 뒤처지지 않고 성장할 수 있도록 도와주어야 한다. 배움의 과정에 문제가 있다면 원인을 찾아서 아이에게 맞는 과정을 찾을 수 있도록 도와야 하고, 결과가 나오지 않아 힘들어하는 아이라면 노력을 격려하며 학습을 포기하지 않도록 도와주어야 한다. 이 장에서는 담임교사와 상담교사가 함께 학습에 어려움이 있는 아이를 도와준 사례를 소개한다.

연두는 중학교 2학년이다. 수업 시간에 발표도 잘하고 수업을 열심히 듣는 학생이다. 수업 내용 중 모르는 내용이 있으면 질문하고, 이해하기 어려운 부분은 다시 설명해 달라고 요청하기도 한다. 하지만 수업 시간에 끊임없이 질문을 하여 수업에 흐름이 끊기거나 다른 학생들에게 방해가 될 때가 많다. 반 친구들은 연두에게 수업 시간에 질문을 너무 많이 하지 말아 달라고 부탁하기도 했고, 담임교사도 친구들과 교과 선생님들이 힘들어 한다고 자제를 부탁했지만, 연두는 달라지지 않았다. 그래서 담임교사는 연두와 방과 후에 상담을 했는데, 연두가 공부를 잘하고 싶지만 아무리 노력해도 잘 안 되는데 어떻게 하면 좋을지 모르겠다고 답답하다고 했다. 또 친구들이 자신한테만 뭐라고 해서 억울하고 속상해했다.

담임교사는 연두와 상담을 하며 가정환경과 성장 과정에 대해서 알게 되었다. 연두의 부모님은 연두가 세 살 때 이혼했다. 부모의 이혼 후 어머니와 함께 살았는데 어머니가 일하시느라 안정적인 양육이나 돌봄을 받지 못하고 성장했다. 어릴 적 어머니가 일을 나가시면 외할머니가 오셔서 밥을 챙겨 주셨지만 따뜻하고 사랑받는 느낌이 들지 않았다고 했다. 연두는 초등학교 입학 후 친구들과의 관계에서 어려움을 겪었다. 초등학교 3학년 때 처음 왕따를 경험한 후 중학교에 들어가서도 연두는 왕따라는 꼬리표를 달고 다녔다. 그래서 연두는 친구들과의 관계에서 불안해하며, 친구들의 지적에 예민하게 반응할 때가 많았다. 학급에서도 친하게 지내는 친구가 없었다. 학습적인 면에서도 초등학교 시기부터 습득해야 할 기초적인 한글 읽고 쓰기, 수학의 사칙연산 등의 학습이 제대로 이뤄지지 않아서 누적된 학습결손으로 학습 부진이 지속되고 있었다. 담임교사는 연두가 정서적인 면과 학습적인 면에 도움이 필요하다고 생각되어 위(Wee) 클래스를 찾았다.

연두는 학습과 대인관계에서의 문제를 동시에 호소하고 있었다. 효과적인 개입을 위해 위(Wee) 클래스 상담교사와 담임교사가 협력하여 상담을 진행하기로 했다. 담임교사는 학습의 어려움을 도와주기로 했고, 상담교사는 연두의 대인관계에서의 어려움을 돕기 위해 주기적으로 상담하기로 했다. 그리고 담임교사가 연두와 반 아이들의 관계를 어떻게 도와줘야 할지 모르겠다고 하여 상담교사는 관계성 향상을 위한 집단상담을 진행했다. 집단상담을 통해 반 아이들은 연두를 이해하게 됐고, 관계도 조금씩 개선되었다.

학습적인 부분에서 담임교사는 누적된 학습결손 부분을 파악하는 것이 먼저라고 여겨 3월에 실시한 기초학력 진단평가 결과를 바탕으로 상담을 했다. 그리고 학교에서 운영하는 방과 후 및 멘토링 프로그램을 연계하여 도움이 필요한 과목의 학습을 지원했다. 또한, 연두는 공부를 어떻게 하는지 잘 모르겠고 시험공부를 열심히 하는데 성적이 오르지 않는다고 하여 학습 습관이나 전략에 대해 점검했다. 담임교사가 파악한 결과 연두에게 시급하게 도움이 필요한 부분이 시간 관리 방법, 암기전략, 시험전략이었다. 담임교사는 연두에게 자기주도학습 계획을 세우게 했고, 주기적으로 계획을 점검했다.

연두는 초등학교 때부터 누적된 학습 결손이 있던 터라 단기간에 부족한 부분을 채우기는 힘들었고, 연두에게 맞는 학습전략을 세우는 것이 무엇보다 중요했다. 연두는 긴 시간 노력을 기울여야 하는 수학 문제를 푸는 것은 힘들어하지만 20개 정도 영어 단어를 외우는 것은 집중해서 잘하는 편이었다. 그래서 담임교사는 이 장점을 살려서 연두와 과목별 성취목표를 정하고 그 목표를 성취할 때마다 방과 후 떡볶이 먹으러 가기, 조식 쿠폰 등의 긍정적 강화를 제공했다. 담임교사는 연두에게 모든 과목에서 단기간에 성적을 올리는 게 어려운 일이기 때문에 잘 할 수 있는 과목부터 성취할 수 있는 목표를 정해서 도전해 보도록 제안했다. 1학기 첫 시험에서는 원하는 성과를 얻지 못했지만 두 번째 시험에서 연두가 좋아하는 역사 과목에서 성적이 조금 올라 성취감을 느끼며 공부에 자신감이 생겼다.

연두가 수업 시간에 끊임없이 질문하는 이유는 선생님의 설명이 이해가 안 되기 때문이라고 했다. 그래서 반에서 친절하고 설명을 잘하는 학생 한 명에게 동의를 구하여 연두와 짝이 되어 수업 시간에 연두를 도와줄 수 있도록 했다. 또한, 연두에게도 수업 시간에 꼭 필요한 질문 외에는 쉬는 시간으로 미루는 것에 대해 안내했다. 처음에는 잘 안 됐지만 짝의 도움으로 수업 시간에 질문 하는 횟수가 눈에 띄게 줄면서 반 아이들이 수업 시간에 받는 피로감이 줄어들었다.

상담교사는 연두의 대인관계 어려움을 돕기 위해 위(Wee) 클래스에서 주 1회씩 총 8회기의 상담을 진행했다. 연두는 다른 사람들 앞에서 자신이 못하는 모습을 보이는 것이 부끄럽고, 친구들이 자신을 무시하는 것 같아 기분이 나쁘다고 했다. 연두가 어머니, 외할머니와는 어떻게 지내는지 물어봤는데, 어머니는 바빠서 연두와 함께 시간을 보낸 적이 없고, 외할머니는 연두에게 짜증을 내거나 화를 낼 때가 많았다고 했다. 연두는 자신이 원하는 대로 되지 않으면 친구들에게 아기처럼 떼를 쓰기도 하고 짜증이나 화를 냈다. 연두가 상담 중에 늘 하는 말이 '자신은 잘못한 게 없는데 친구들이나 어른들이 자신한테만 뭐라고 한다'는 것이었다. 자신은 늘 비난만 받는다고 생각하고 있었다. 그래서 상담교사는 연두에게 상담 때마다 수용과 인정을 받는 기회를 제공했다. 그리고 연두를 이해하는 데 도움이 될 수 있는 심리검사(MMPI-A, HTP, TCI 등)를 실시했다. 검사 결과 연두는 다른 아이들에 비해 불안감이 높은 것으로 나왔다. 그래서 상담교사는 연두와 주관적 불편감을 표로 작성해 보고 점수가 낮은 불안감부터 조절하는 연습을 상담할 때마다 했다. 그 결과 다른 사람의 눈치를 보며 불안을 느끼는 수준이 많이 낮아졌다.

상담이 진행될수록 연두는 정서적인 안정을 찾았고, 학급에서 친구들과 관계도 좋아졌다. 그리고 다른 반 친구를 사귀게 되면서 즐겁게 학교생활을 한다고 했다. 때때로 위(Wee) 클래스를 찾아와 '저는 공부 머리는 아닌가 봐요.'라고 학습에 대한 어려움을 호소하기는 했지만, 담임교사는 연두가 상담을 받기 전보다 수업 시간에 집중도 잘하고 성적도 많이 향상되었다고 했다. 또한, 상담 시간에 배운 방법들을 혼자서 연습해 보겠다며 상담교사와의 상담도 8회기로 마무리되었다. 이후에 연두는 중학교 생활을 잘 마무리했고, 인문계 고등학교에 진학했다.

3장

학교를 떠나려는 우리 아이,
꼭 잡아 주세요.

◆ 학업중단 숙려제 ◆

담임교사의 입장에서는 학급에 예쁘지 않은 아이들이 없다. 그러나 유독 마음이 쓰이고, 눈길이 가는 학생이 있기도 하다. 학교를 잘 다니던 학생이 갑자기 학교를 그만두겠다고 하거나 학업, 친구관계, 가정 등의 문제로 학교생활에 적응하지 못해서 방황하거나 잦은 지각, 조퇴, 결석을 하는 학생이 있다면 담임교사로서 당연히 더 신경이 쓰인다. 게다가 그 학생이 학교를 그만두고 싶다고 할 때면 담임교사는 학생을 어떻게 도와줘야 할지 고민하게 된다. 그래서 상담도 하고 주변에 도움을 청하거나 필요한 자료 등을 찾아 학생에게 안내하지만 완강하게 자퇴(유예 포함)를 원할 때가 있다. 이럴 때 담임교사는 어떻게 하는 게 좋을지, 학생을 위한 최선의 방법이 무엇인지 다양한 방법들을 찾아보게 된다. 그런 담임교사와 학생들에게 도움이 될 수 있는 '학업중단 숙려제'에 대해 소개한다.

보라는 고등학교 1학년이다. 중학교 때 시작된 일탈로 중학교 내내 학교생활에 어려움이 있었는데 고등학교에서도 학교생활에 적응하지 못하고 방황하고 있다. 특히 잦은 미인정 결석과 지각, 조퇴로 1학년 1학기가 지난 시점에 미인정 결석 20회, 미인정 지각 25회, 미인정 조퇴 18회로 출결 상태가 좋지 않은 상황이다. 보라는 교실에서도 반 친구들과 어울리기보다는 혼자 휴대폰을 하거나 잠을 잔다. 수업 시간에도 엎드려 있어 교과 선생님들과도 갈등을 겪고 있다. 그래서 담임교사는 상담을 통해 보라가 학교생활에 적응하지 못하는 이유를 찾아 도와주려 했지만 보라는 간섭은 싫다며 담임교사와의 상담을 거부했다.

담임교사는 위(Wee) 클래스에 찾아와 보라가 학교생활 적응에 어려움을 겪고 있다며 상담을 의뢰했다. 보라는 담임교사와 처음 위(Wee) 클래스에 왔을 때 상담하기 싫다며 거부했다. 상담교사는 지금 상담을 하기 싫으면 하지 않아도 되고, 보라가 누군가와 말하고 싶을 때 찾아와도 된다며 돌려보냈다. 그리고 얼마 뒤 보라가 또 연속으로 7일간 미인정 결석을 하고 등교한 날 종례도 하지 않고 도망을 가려다 담임교사에게 걸렸다. 담임교사는 상담을 거부하는 보라를 데리고 다시 위(Wee) 클래스를 찾았다.

담임교사에 의해 억지로 위(Wee) 클래스에 온 보라는 거부적인 태도를 보이며 상담하기 싫다는 것을 온몸으로 표현했다. 그래서 보라에게 상담을 하고 싶지 않으면 안 해도 된다고 하며, 편하

선생님도 궁금한 학교 상담실 엿보기

게 위(Wee) 클래스에서 쉬다가 가라고 했다. 보라는 위(Wee) 클래스 소파에 앉아 한 시간 동안 핸드폰만 만지다 돌아갔다. 상담교사는 돌아가는 보라에게 다음 상담 날짜와 시간을 알려주었고, 그때도 오늘처럼 편하게 쉬었다 가도 된다고 했다. 며칠 뒤 약속한 상담일에 예정된 시간보다 10분 늦게 위(Wee) 클래스에 왔다. 위(Wee) 클래스에 들어오며 말했다.

"저 오늘도 상담 안 할 거예요. 교실에 있긴 싫고 담임이 자꾸 잔소리 하니까 억지로 온 거예요."

보라는 지난번과 마찬가지로 소파에 앉아 휴대폰만 하다가 갔다. 그렇게 세 번을 왔다 가더니 네 번째가 되었을 때 보라가 이것저것 물어보며 말을 걸어오기 시작했다.

그러다 자신의 이야기를 하게 되었는데, 보라의 부모님은 시장에서 장사를 한다고 했다. 보라가 4살 때 동생이 태어난 이후로 부모님이 힘들어서 자신을 외갓집에 보냈고, 초등학교 5학년 때까지 외할머니가 키워 주었다. 보라가 초등학교 6학년이 되어 부모님과 함께 살게 되었는데, 외할머니와 달리 바쁜 부모님은 보라에게 관심과 애정이 적었다. 부모님은 자신과 달리 온순하고 공부 잘하는 동생과 자신을 비교했다. 보라는 부모님께 실망과 분노를 표현하며 점점 반항적이고 폭력적이 되어 갔다. 그리고 자신의 말을 잘 들어주고 인정해 주는 동네 선배들과 어울리면서 일탈행동을 했고, 부모님과 갈등은 심해졌다. 보라는 중학교 1학년 때부터 가출과 일탈을 반복하게 됐다. 그래도 중3때는 보라의 마음을 알아주는 담임교사를 만나 간신히 중학교를 졸업하고 고등학교에 진학했는데, 고등학교에서는 공부도 어려워지고 학교생활도 중학교와 달리 빡빡하여 학교 다니기 싫다고 했다.

보라와 상담을 한 후 상담교사는 담임교사에게 보라에게 도움이 될 수 있는 '학업중단 숙려제'를 권유했고, 담임교사가 '학업중단 숙려제'에 대해서 잘 모른다고 하여 학교의 **학업중단예방위원회**[12]가 있으니 협의해 보라고 했다.

담임교사는 **학업중단예방위원회**에 문의하여 보라가 학업중단 숙려제 적용 대상이라는 것을 확인했다. 보라는 미인정 결석이 연속 7일 이상이고, 학업중단 위기에 처해 있다고 판단된다는 것이다. 담임교사는 보라와 상담을 할 때 학업중단 숙려제에 대해서 설명해 주기를 부탁했다.

"보라가 학교를 그만두고 싶다고 하고, 미인정 결석도 자주

---

12 "학업중단예방위원회" 강원도교육청의 명칭 사용, 각 시·도교육청마다 다른 용어 사용

해서 선생님이 걱정이 많이 돼."

"그런데요…(보라가 잔뜩 화가 난 표정이다.)."

"보라가 지금 기분이 안 좋은가 보구나. 선생님이 잠깐 보라와 얘기를 나누고 싶은데, 괜찮을까?"

"네, 말씀하세요."

"보라가 지난번에 학교를 그만두고 싶다고 했잖아. 그런데 보라가 학교를 그만두기 전에 학업중단 숙려제를 해 보는 것은 어떨까?"

"학업중단 숙려제요, 그게 뭔데요?"

"학업중단 숙려제는 보라처럼 학교생활에 어려움을 겪고 있는 학생에게 상담과 맞춤형 프로그램을 받을 수 있는 기회를 주는 거야. 학업을 중단하는 것에 대해 신중하게 생각해 볼 수 있는 시간을 갖는 거지."

"아… 그래요."

"보라가 학교를 그만두고 싶은 이유가 있겠지만, 선생님은 보라가 아직 1학년이라 지금 성급하게 학교를 그만두려고 결정하는 것보다는 조금 더 고민할 시간을 가져보면 좋을 것 같아. 그리고 이 문제에 대해 부모님과 함께 상의해 보면 좋을 것 같은데 어때?"

"아… 그런데 꼭 부모님이랑 상의해야 해요? 제가 그냥 결정하면 안 되나요?"

"부모님과 상의하는 게 좀 불편한가 보구나."

"(보라가 한참을 휴대폰만 만지작거렸다.) 어차피 우리 부모님은 저한테 관심 없어요. 그런 거 물어봐도 알아서 하라고 할 거예요."

"그래? 그렇게 생각하는 이유가 있니?"

"지난번에 말씀드렸는데, 부모님은 장사하느라 바빠서 제가 뭘 하는지 관심도 없고 말해도 듣지도 않으세요. 제가 자퇴하고 싶다고 말한 적이 있는데 그때도 지금 바쁘니까 나중에 얘기하자고 했고, 웬만하면 그냥 다니라고 말했어요."

"그런 일이 있었구나. 그러면 선생님이 어떻게 도와주면 좋을까?"

"선생님이나 담임선생님이 부모님께 말해 줬으면 좋겠어요."

"그렇구나. 그러면 선생님이 담임선생님과 협의해서 누가 보라 부모님께 말씀 드릴지 결정하고 부모님께 말씀을 드려 볼게."

"네. 알겠어요."

담임교사와 협의하여 담임교사가 보라 부모님께 학업중단 숙려제를 안내하기로 했다. 다행히 보라의 부모님이 학업중단 숙려제에 동의했다. 학업중단 숙려제 담당자는 담임교사에게 보라가 학업중단 숙려제 신청서를 작성할 수 있도록 안내했다.

담임교사는 보라의 학업중단 숙려제 프로그램 구성을 어떻게
하는 것이 좋을지 자문을 구하기 위해 위(Wee) 클래스에 찾아 왔다.

"선생님, 학업중단 숙려제 프로그램 구성은 어떻게 되는지요?
제가 잘 몰라서….."

"학업중단예방위원회에서 말씀 들으셨겠지만, 학업중단 숙려
제는 상담(최대 2주)과 매일 프로그램(최대 5주)으로 이루어져요.
학업중단 위기 원인 파악과 원인별 맞춤형 프로그램 제공을 위
해 먼저 상담을 하고 학생의 특성과 요구를 반영하여 매일 프로
그램을 해요."

"그러면 상담은 선생님께 부탁을 드리면 되나요?"

"제가 할 수 있지만, 우선 보라한테 먼저 물어봐야 할 것 같아
요. 보라가 원하면 제가 해도 되고, 만약 학교가 아닌 다른 외부
상담기관에서 상담을 받고 싶다고 하면 그곳에서도 상담을 받
을 수 있어요. 제가 운영 기관을 정리해 놓은 것이 있는데 알려
드릴게요."

"네, 감사합니다. 선생님, 상담은 그렇게 하면 되는데, 말씀하
신 매일 프로그램은 어떻게 하는지요?"

"매일 프로그램은 1일 1회 이상 프로그램에 참여하게 하고 당
일 출석을 인정하는 것을 말해요. 매일 프로그램은 학생의 학업
중단 위기 원인과 학생의 특성에 따라 다른데, 개인상담, 집단상

담, 심성수련 프로그램, 자존감 향상 프로그램, 진로체험, 예체능 활동 등 다양하게 구성할 수 있어요."

"아, 그런데, 이것도 아까 그 기관에서 하나요?"

"네, 학교 위(Wee) 클래스에서도 할 수 있고, 학업중단 예방 프로그램 운영 기관이나, 학교장 인정 외부 기관 등에서 할 수 있어요. 제가 우리 지역 기관 리스트를 메신저로 보내 드릴게요."

학업중단 숙려제 프로그램 구성에 대해서 보라와 보라 부모님과 협의한 결과 상담은 2주 위(Wee) 클래스에서 하고, 매일 프로그램은 3주로 보라가 평소에 흥미를 가지고 있었던 유튜브 동영상 촬영 및 편집을 배울 수 있는 기관에서 하고 싶다고 했다.

"선생님, 보라가 학업중단 숙려제를 다음 주부터 하려고 하는데, 다음 주에 상담 가능할까요?"

"네, 다음 주 화, 목에 가능할 것 같아요."

"감사합니다. 그런데 선생님, 보라가 매일 하는 프로그램을 유튜브 동영상 촬영 및 편집을 배우고 싶다고 하는데, 가능한 기관이 있을까요? 선생님이 지난번에 보내주신 기관 리스트를 보고 가능한 기관에 전화해서 연락해 봤는데 없어서요."

"그래요? 그럼 제가 관련 기관이 있는지 확인해 보고 알려 드릴게요."

선생님도 궁금한 학교 상담실 엿보기

보라는 학업중단 숙려 상담과 프로그램을 하면서 심리적으로 안정이 되고, 진로에 대한 방향과 목표를 잡게 됐다. 그리고 학업중단 의사를 철회하고 학교에 잘 다니게 됐다. 물론 보라의 잦은 지각으로 담임교사와 실랑이가 있는 것 같긴 하지만, 미술 수행평가로 외국인에게 우리나라를 홍보하는 UCC를 만들었는데 아이디어가 돋보여 친구들과 선생님의 인정을 받았다. 그것을 계기로 학교생활에 조금씩 즐거움을 찾아가고 있다.

만약 보라가 학업중단 숙려제를 이용하지 않고, 학교를 그만두고 싶은 마음이 들었을 때 바로 자퇴를 했더라면 이런 흐뭇한 모습을 볼 수 없었을 것이다.

4장

관심이 필요한 아이,
따뜻하게 품어 주세요.

◆ **학생정서·행동특성검사 관심군** ◆

학교에서는 성장기 학생들이 흔히 경험하게 되는 정서·행동발달상의 문제를 조기에 발견하고 악화되는 것을 사전에 예방하기 위해 학생정서·행동특성검사를 실시한다. 담임교사는 학생정서·행동특성검사에 대해 학기 초 교직원 연수를 통해 전달받지만 학급의 아이가 관심군으로 나왔다는 결과를 들으면 가슴이 "쿵" 하고 내려 앉는다. 그리고 관심군 학생들을 어떻게 연계하고 관리해야 할지 몰라 막막함을 느낀다. 담임선생님이 매년 실시하는 학생정서·행동특성검사 관심군 학생 연계 및 관리에 대해서 조금만 더 세심하게 관심을 갖는다면 정서적인 어려움으로 힘들어하는 학생들에게 도움이 될 수 있을 것이다. 이 장에서는 생활교육, 교과연구 등으로 바쁜 담임교사에게 학생정서·행동특성검사 관심군 학생 연계를 사례로 안내한다.

◆ 학생정서·행동특성검사 관심군 ◆

(초등)

하늘이는 초등학교 4학년이다. 2학년 때 전학 온 학생으로 부모님이 이혼을 해서 친할머니와 생활하고 있다. 하늘이 어머니는 재혼을 했고, 아버지는 타지에서 일을 하고 있어 하늘이와는 주말에만 만난다.

담임교사는 학기 초에 하늘이가 수업시간에 집중을 못하고 친구들과 잦은 다툼을 벌여 아버지에게 연락하여 상담을 하려고 했다. 그런데 아버지는 바빠서 평일에는 학교에 올 수 없다고 했다. 그러던 중에 하늘이가 학생정서·행동특성검사에서 관심군 학생으로 나왔다. 아버지가 면담을 위해 다음 주에 학교에 방문하기로 했다. 담임교사는 이 기회에 아버지를 만나 하늘이의 상황을 알려서 가정에서 관심을 가지고 지도를 하게 하고 싶은데, 어떻게 해야 할지 막막하여 위(Wee) 클래스를 찾았다. 그리고 위(Wee) 클래스 상담교사에게 하늘이 아버님께 어떻게 안내하는 게 좋을지 자문을 구했다.

> **담임교사** 상담 선생님, 이번 학생정서·행동특성검사에서 하늘이가 관심군 학생으로 나와서 아버지가 학교에 오셔서 면담을 하려고 하는데, 제가 좀 막막해요. 어떻게

설명을 해 드리는 게 좋을지 모르겠어요. 선생님이 도와주실 수 있으세요?

상담교사 선생님께서 아버님께 어떻게 설명해야 할지 몰라 막막함을 느끼시네요. 네, 당연히 해드릴 수 있지요. 우선은 아버지가 학생정서·행동특성검사에 대해서 잘 모르시고, 관심군으로 분류가 되었다는 말만 들으면 몹시 놀라거나 당황하실 수 있을 거예요. 그리고 화를 내실 수도 있어요.

담임교사 아, 그래요?

상담교사 학생정서·행동특성 검사 결과 관심군이 의미하는 것이 무엇인지 모르고, 걱정되어서 그럴 수 있을 거예요. 이런 경우 아버지께서 보이는 반응에 그러실 수 있다고 이해해 주시고, 충분히 공감해 주세요. 그리고 정서행동·특성검사가 학생의 정신건강을 진단하는 검사가 아닌, 학생의 성격특성 및 정서·행동발달을 파악해서 학생의 학교생활 적응을 지원하는 선별검사라는 것을 설명해 드리세요.

담임교사 네, 알겠어요. 그런데 하늘이가 '관심군이다.', '문제가 있다.' 이렇게 이야기하면 아버지께서 거부감이 생길 것 같은데, 좀 더 부드럽게 전달 수 있는 방법이 있을까요?

상담교사 아버지께 이렇게 전달하면 어떨까요? 제가 시범을 보여드려도 될까요?

담임교사 그렇게 해주시면 감사하죠.

상담교사 네, 그러면 제가 학생정서·행동특성검사에 대해서 설명하는 것부터 해 볼게요. 나중에 아버지와 이야기할 때 참고하시면 좋을 것 같아요.

"하늘이 아버님, 결과를 듣고 당황스러우셨지요? 학생정서·행동특성검사는 병이 있다는 진단을 내리기 위한 검사가 아니고, 학생의 성격 경향성을 알아보고, 최근 몇 달간 혹시 아이가 스트레스나 고민 등으로 어려움이 있는지 알아보는 검사입니다. 아이들이 자라는 과정 중에 심리·정서상에 어려움을 겪는 시기가 있습니다. 이때 조기에 발견하여 적절한 도움을 주는 것이 아이의 건강한 성장에 도움이 됩니다. 그리고 검사결과로 하늘이가 학교에서 불이익을 받는 일은 없으니 안심하셔도 됩니다."

담임교사 선생님이 알려 주신대로 말씀드리면 아버지가 조금은 덜 놀라시겠네요. 감사합니다.

상담교사 별말씀을요. 그리고 선생님, 하늘이가 위(Wee) 센터나 정신건강복지센터에서 별도의 비용 부담 없이 상

담과 심층평가를 받을 수 있다는 것도 아버지께 안내
해 주세요.

담임교사 네, 알겠습니다. 우선은 하늘이 아버지와 면담을 해
보고 다시 도움이 필요하면 연락 드릴게요.

담임교사가 하늘이 아버지를 면담한 후 하늘이는 위(Wee) 센
터에서 심층평가를 받았다. 그리고 위(Wee) 센터 심층평가 결과
주의력결핍 과잉행동장애(ADHD)일 가능성이 있어 병원에 연계
되었다. 위(Wee) 클래스 상담교사는 하늘이를 주기적으로 만나 상
담을 하고, 담임교사에게 하늘이의 상담진행 상황과 수업 시 고려
해야 할 것 등에 대해 자문을 하고 있다. 하늘이는 수업 태도가 많
이 개선되었고, 친구들과도 원만하게 생활하고 있다.

◆ **학생정서·행동특성검사 관심군** ◆

(중등)

가을이는 고등학교 1학년이다. 학생정서·행동특성검사 결과
관심군이며 우선관리군(자살위험 포함)으로 선별되었다. 가을이의
담임교사는 학생정서·행동특성검사 운영협의회에 참석하여 학급

학생 중 가을이를 포함하여 3명이 관심군으로 나왔고, 특히 가을이는 관심군 중에서도 우선관리군(자살위험 포함)이라는 사실을 알게 되었다. 학생정서·행동특성검사 담당자는 가을이가 앞으로 심층평가 및 학교 내 집중관리가 필요하니 학교장·교사·학부모, 전문기관·병의원 관계자 등으로 구성된 위기대응팀과 긴밀하게 협조가 필요하다고 했다. 가을이 담임교사는 신규교사라 생활교육에 애를 먹고 있는 상황에서 가을이가 우선관리군으로 자살위험이 있다는 말에 어떻게 해야 할지 무섭고 겁이 난다며 위(Wee) 클래스에 찾아왔다.

> **담임교사** 상담선생님, 안녕하세요. 제가 잠깐 도움을 청할 일이 있는데 시간 괜찮으신지요?
>
> **상담교사** 네, 괜찮습니다. 선생님 안색이 어두우신데, 무슨 걱정이 있으신가요?
>
> **담임교사** 고민이 있어서요. 저희 반 학생 중 가을이라고 아시나요?
>
> **상담교사** 아, 가을이요. 제가 상담을 한 적은 없지만 복도에서 오고 가며 본 적은 있어요. 선생님, 혹시 정서행동·특성검사 결과 때문에 그러신가요?
>
> **담임교사** 어떻게 아셨어요?
>
> **상담교사** 네. 저도 학생정서·행동특성검사 운영협의회에서 가

을이의 결과를 들었어요. 제가 작년 1학년 신입생들은 담임선생님들께 추천을 받아 상담했는데, 올해는 코로나 때문에 등교 개학이 늦어져 1학년 학생들을 아직 다 만나보지 못해서 가을이의 상황을 몰랐네요. 선생님 많이 놀라셨을 것 같은데, 괜찮으세요?

담임교사 걱정해 주셔서 감사합니다. 저는 괜찮은데, 가을이가 걱정이에요. 그리고 제가 가을이에게 어떤 도움을 주어야 할지 잘 모르겠어요.

상담교사 그러시군요. 가을이가 걱정되고, 어떤 도움을 줘야 할지 몰라 답답하신 것 같네요. 선생님께서 담임은 처음이시니 당황스러울 것도 같아요. 학생정서·행동특성검사 연수 때 들어서 아시겠지만, 학생정서·행동특성검사 관심군은 총점이 기준 점수 이상으로, 학교에서 지속적인 관리가 필요하고 병의원이나 위(Wee) 센터, 정신건강복지센터와 같은 기관에 의뢰하는 2차 조치가 필요한 학생이에요. 여기서 우선관리군은 자살위험이 있어 긴급조치가 필요한 학생을 말하는데, 이 학생은 고위기 학생으로 분류되어 전문기관에 우선 의뢰해야 해요.

담임교사 그렇군요. 선생님 그러면 혹시 가을이가 우선 관리군이라는데 자살위험정도가 어느 정도인지 궁금해요. 선

86

생님께서 상담해 주실 수 있으세요?

상담교사 그럼 물론이죠. 가을이는 고위기 학생이라 만나 봐야 할 것 같아요. 그런데 검사결과를 가을이와 가을이의 부모님께 전달하셨나요?

담임교사 아… 아직, 알리지 못했습니다. 혹시나 가을이와 가을이 부모님께서 알게 되면 충격을 받을까 봐 걱정이 돼서 아직 못 했어요.

상담교사 그러셨군요. 가을이가 많이 걱정되셨나 보네요. 그렇지만 가을이와 가을이 부모님께 전달하는 게 먼저예요. 가을이에게는 검사결과가 다른 사람들에게 알려지지 않도록 사람들이 없는 조용한 공간에서 안내해 주시는 게 좋을 것 같아요. 그리고 가을이에게 결과를 안내해 주시면서 혹시 요즘 힘든 일이 있는지 물어보세요.

담임교사 그런데, 가을이에게 검사 결과를 알려줘도 될까요?

상담교사 네, 말씀하셔도 됩니다. 그리고 가을이가 힘든 일이 있다면 공감하며 들어 주시고, 혹시 현재도 자살 충동이 있는지 물어봐 주세요. 제가 자살 관련 면담기록지[13]를 드릴테니 활용해 보세요. 그리고 학생정서·행동특성검사 결과지가 우편으로 집에 발송되어 부모님께 전달되는 것도 알려주세요.

담임교사 네, 그런데 걱정되는 일이 있어요. 가을이가 왜 자기 허락도 없이 부모님께 보냈냐고 물어보면 어떻게 대답하지요? 가을이가 지난번 상담 때 부모님과 사이가 별로 좋지 않다고 얘기를 했었거든요.

상담교사 그런 말을 했었군요. 부모님과 사이가 좋지 않다면 당연히 그런 말을 할 수 있지요. 그러면 가을이에게 지금 겪고 있는 어려움은 가을이 같은 청소년기의 학생들이 건강한 어른이 되는 과정에서 누구나 겪을 수 있고, 그럴 때 혼자 해결할 수 없으니 주변에 도움을 청해야 한다고 말해 주세요. 그리고 부모님께 알리는 것에 대해 두려워하거나 부담을 갖지 않도록 도와주세요.

담임교사 네, 그렇게 알려주면 되겠네요.

상담교사 그리고 부모님께 전달하는 것은 지난번에 연수 때 받은 학생정서·행동특성검사 및 관리 매뉴얼에 잘 나와 있어요. 그것을 보면서 말씀드리면 좋을 것 같아요. 만약 보시고 궁금한 내용이 있다면 전화 주세요.

담임교사 네, 그런데, 가을이를 전문기관에 의뢰해야 한다면

---

13 **부록17** (p.166) 자살관련 면담기록지

어디로 하는 게 좋을까요?

상담교사 우리 지역에 있는 정신과 병원이나 교육지원청 위
(Wee) 센터, 정신건강복지센터, 청소년상담복지센터
등에 연계할 수 있어요. 가을이와 가을이 부모님과
충분히 이야기를 나눈 후 가을이에게 적절한 기관을
선정하고 지속적으로 치료를 받을 수 있도록 하는
것이 중요해요.

담임교사 네, 그렇게 하겠습니다.

상담교사 그리고 혹시 부모님께서 학생정서·행동특성검사 결
과를 인정하고 싶지 않은 마음과 당황스러움에 심층
평가와 치료를 원치 않아 동의를 받는 것이 어려울
수 있어요. 제 도움이 필요하면 연락을 주세요. 위
(Wee) 클래스에서 제가 보호자를 만나서 심층평가나
치료가 학생한테 중요한 일이라는 것을 설명하고 필
요한 지원을 할 수 있도록 안내할게요.

담임교사 어머, 선생님이 그렇게 해 주시면 큰 도움이 될 것 같
아요.

상담교사 선생님, 그런데 선생님이 해 주셔야 할 일이 있어요.
가을이가 연계된 기관에서 치료를 받게 되면 담임선
생님께서는 가을이가 치료를 잘 받고 있는지 확인하
셔야 해요.

담임교사 네. 알겠습니다. 너무 막막했는데, 구체적으로 알려 주셔서 감사해요. 제가 담임으로서 더 해야 할 일이 있을까요?

상담교사 선생님께서 수업도 하고 담임으로 학급 아이들 지도 하는 것도 많이 바쁘시겠지만 가을이의 학교생활을 잘 관찰해 주세요, 그리고 제가 도울 일이 있으면 언 제든지 연락주세요.

가을이는 담임교사와 상담교사의 도움으로 위(Wee) 센터에서 심층평가를 받았고, 위(Wee) 센터 상담교사와 한 학기 동안 상담 을 한 후 심리적으로 안정을 찾았다.

선생님도 궁금한 학교 상담실 엿보기

5장

문제행동의 고리를
끊어요.

◆ 특별교육 ◆

'아이들은 싸우면서 자란다'고 하지만 요즘 학생들의 싸움은 자칫 학교폭력으로 확대되기도 한다. 학생들끼리 장난으로 한 작은 다툼이라도 학교폭력으로 접수되어 사안조사를 하면 우리가 생각하는 작은 다툼으로 끝나지 않는다. 그 과정에서 아이들은 의도하건, 의도하지 않건 상처를 받게 되고 관계에 금이 갈 수 있다.

학교폭력은 학생을 피해학생, 가해학생으로 나눈다. 하지만 담임교사에게는 모두 우리 반 학생이다. 담임교사로서 누구 하나 상처받지 않기를 바라며, 중립적 입장에서 학생들의 회복과 성장을 돕기 위해 동분서주할 것이다. 이럴 때 담임교사 혼자 고민하지 말길 바란다. 주위를 둘러보면 학교 공동체 안에서 함께 고민하고 나눌 수 있는 교감선생님, 학교폭력전담기구 책임교사, 상담교사 등이 있다. 이 장에서는 학교폭력 사안으로 힘들어하는 담임교사를 위해 사례를 통해 특별교육을 소개한다.

솔이와 달이는 중학교 2학년들이다. 둘은 같은 아파트에 살고 같은 초등학교를 다녔고 오랜 시간 알고 지낸 사이다. 그리고 솔이와 달이는 부모님끼리도 친해서 가족끼리 캠핑도 가는 이웃사촌이다.

솔이와 달이는 유치원 때까지 사이좋게 잘 지냈는데 초등학교 입학 후 달이가 솔이를 무시하기 시작했다. 솔이는 공부를 잘하지만, 내성적이고 말이 없어 친구들이 많지 않다. 그러나 달이는 외향적이고, 리더십이 있어 주변에 친구들이 많고, 또래 집단에서 리더 역할을 하고 있다. 중학교에 올라와서 달이가 솔이를 무시하는 말과 행동은 더 심해지고, 달이 주위의 다른 친구들도 솔이를 은근히 무시하는 분위기다.

담임교사는 학교폭력 실태조사에서 솔이가 '따돌림을 당했다'라는 응답이 있어 상담을 했고, 그 과정에서 솔이와 달이의 일을 알게 되었다. 솔이가 달이에게 은근한 괴롭힘을 당하고 있다는 것이다. 담임교사는 이 사안이 학교폭력이라는 것을 인지하고 전담기구에 신고·접수하였다.

학교폭력 전담기구에서 사안조사를 하여 알게 된 내용은 다음과 같다.

달이가 솔이와 같은 반이 된 이후로 반 친구들에게 솔이의 물건을 숨기거나 버리게 했다. 또 반 남학생들과 무리 지어 다니면서 솔이를 위협하는 행동과 말을 했다. 특히 달이는 점심시간 급식실에서 솔이의 급식판을 떨어뜨리거나, 솔이의 반찬을 뺏어먹는 일이 빈번하게 있었다. 그때마다 솔이가 그러지 말라고 해도 솔이의 말을 묵살한 채 지속적으로 괴롭혔다. 그러던 중 교내 체육대회를 준비하다가 솔이가 다치는 일이 발생했다. 반별 축구예선을 하던 중 상대편에게 1대 2로 지는 상황에서 솔이가 넘어져 발목을 다쳤다. 솔이는 그 경기를 더 이상 뛸 수 없었고, 다른 후보선수가 솔이 대신 뛰었지만 달이의 반이 예선탈락을 하게 되었다.

그날 방과 후에 달이가 솔이를 불러서 '너 때문에 졌다'고 폭언과 욕을 했다. 그리고 달이와 몇 몇 친구들이 SNS에서 솔이를 조롱하거나 비난하면서 솔이 부모님을 패드립하는 글을 올렸다. 솔이는 부모님께 알리지도 못한 채 혼자 속으로 끙끙 앓았다. 학교 가는 것이 두려워졌고, 수업 시간에도 집중이 되지 않고 달이와 친구들의 눈치를 보게 됐다. 게다가 급식실에서의 지속적인 괴롭힘으로 급식을 먹지 않고 점심을 굶는 일이 잦아졌다. 견디다 못해 어머니한테 달이가 자신에게 심한 행동을 한다고 말했는데 어머니는 친구들 사이에서 생기는 단순한 싸움으로 여겼다. 담임선생님한테는 달이의 보복이 무서워 말을 하지 못했다.

사안조사를 바탕으로 학교장 자체해결 가능 사안인지 여부를 심의하였고, 자체 해결 요건에 미충족되어 교육지원청에 학교폭력대책심의위원회 개최를 요청하였다. 달이는 학교폭력대책심의위원회 선도·교육조치로 학폭법 제17조 3항에 따른 특별교육 이수가 결정되었다. 그래서 교감, 담임교사, 학교폭력 전담기구 책임교사와 함께 달이의 특별교육에 관해 협의하기 위해 위(Wee) 클래스에 모였다.

책임교사 선생님들 안녕하세요. 달이의 교육지원청 학교폭력대책심의위원회 결과가 나왔습니다. 학폭법 제17조 3항에 따른 학내외 전문가에 의한 특별교육 이수 10시간입니다.

상담교사 그렇군요. 그런데 달이에게 특별교육 10시간이 부과되었는데, 보호자 특별교육은 몇 시간이 내려졌나요?

책임교사 학폭법 제17조 제9항에 따른 보호자 특별교육 이수는 5시간이 부과됐어요.

담임교사 그렇군요. 그러면 선생님, 특별교육은 어떻게 해야 하나요?

책임교사 저희가 오늘 모인 이유가 그것 때문이에요. 달이와 달이 부모님께 특별교육 이수 관련해서 안내를 해야 하는데, 어느 기관을 안내해야 할지 협의해야 할 것 같아요. 상담선생님, 특별교육 이수와 관련해서 잠깐 설명해 주실 수 있을까요?

상담교사 네, 선생님. 특별교육 이수는 가해학생이 스스로의 행동을 반성하는 것이 어려운 경우에 전문가의 도움을 받아 폭력에 대한 인식을 개선하고 스스로의 행동을 반성하게 하는 조치라 할 수 있어요. 그리고 덧붙여 말씀드리면 특별교육 이수 기관은 학교의 위(Wee) 클래스나 외부기관 위(Wee) 센터, 청소년상담복지센터, 정신건강복지센터 등이 있어요.

책임교사 상담선생님, 잘 들었습니다. 자세한 설명 감사합니다. 담임선생님, 선생님께서는 달이와 부모님 특별교육 이수를 어디에서 하는 게 좋다고 생각하세요?

담임교사 그 문제는 달이와 부모님께 알려드린 후 부모님과 달이의 의견을 들어봐야 할 것 같아요.

상담교사 제 생각에는 솔이와 달이의 사안은 친구에 대한 이해와 배려가 부족하여 발생한 일이라고 보여지고 솔이와 달이가 같은 반에서 생활을 해야 하기 때문에 학교 위(Wee) 클래스에서 특별교육을 하는게 좋을 것 같아요.

담임교사 그러면 상담선생님 말씀처럼 솔이와 달이가 같은 반에서 생활해야 하는 것을 고려한다면 학급의 공동체 의식을 기르기 위한 '학급공동체 관계회복' 프로그램을 교육지원청에 신청을 했으면 좋겠어요.

책임교사 학급프로그램도 좋은 생각이네요. 그런데 상담선생님께서 달이와 부모님 특별교육까지 진행해 주실 수 있을까요?

상담교사 제가 모두 진행하는 것은 어려울 것 같고요, 학생이나 학부모 중 한 쪽만 특별교육을 하면 좋을 것 같아요. 그런데 달이의 특별교육을 하면 특별교육 이수 후에도 달이에게 지속적인 상담 지원을 할 수 있어서 좋을 것 같아요.

책임교사 네, 그렇게 하지요. 그러면 담임선생님 오늘 얘기 나눈 것을 바탕으로 달이와, 달이 부모님과 일정을 조율하고 알려주세요.

담임교사 네. 빠른 시간 안에 연락해 보고 알려드릴게요. 상담선생님, 특별교육 이수 기관 목록이 있으면 줄 수 있으세요? 제가 달이 부모님께 안내할 때 도움이 될 수 있을 것 같네요.

상담교사 네. 자료가 있어요. 드릴게요.

책임교사 오늘 좋은 의견 주신 담임선생님, 상담선생님 감사합니다.

달이와 달이 부모님의 특별교육은 학교가 협의하여 달이는 학

선생님도 궁금한 학교 상담실 엿보기

교 위(Wee) 클래스에서, 달이 부모님은 교육지원청 위(Wee) 센터에서 특별교육을 진행했다.

◆ 학생 특별교육 프로그램 사례 ◆

특별교육은 상담교사에게 뜨거운 감자와도 같은 업무다. 상담이 아니라고 버릴 수도 없고 상담 업무라고 안고 가기에는 상담과 성격이 다르다. 게다가 특별교육을 의뢰하는 학교 입장에서는 학생의 변신을 요구할 때가 있다. 어떨 때는 마치 마법이라도 부려주길 원하는 것 같다. 특별교육 10시간을 받았으면 뭔가 달라져야 할 거 아니냐고 대놓고 말을 할 때면 난감하기 그지없다.

특별교육을 한다고 하는데 도대체 상담실에서 무엇을 하는지 궁금해하기도 한다. 그렇게 조용조용 상담만 해서 무슨 효과가 있냐고도 한다. 그러나 상담교사의 특별교육은 생활교육이나 훈육과 다르다. 상담교사의 특별교육은 당연히 상담적이어야 하며 상담의 영역에서 진행되어야 한다. DBT[14] 기술을 적용하거나 대인관

---

14 변증법적 행동치료(Dialectical Behavior Therapy)

계 기술, 인지행동치료 등의 기법으로 특별교육을 하는 것이 상담교사가 할 수 있는 특별교육이라고 생각한다.

학생들이 특별교육을 마치고 나면 한결같이 이런 말을 한다. 특별교육이라 해서 엄청나게 겁먹고 왔는데 재미있었고 나를 아는 기회가 되었다, 어떤 행동이 옳은 행동인지 알게 되는 시간이었다고 소감을 적는다. 비록 일상으로 돌아갔을 때 특별교육 시간에 마음먹은 대로 안 되기는 해도, 혹은 눈에 뜨이게 행동의 변화는 없을지 몰라도, 아마도 교육받는 그 순간에는 진심이었을 것이라고 믿는다. 그리고 변화하려는 참된 마음이 느껴져서 상담교사도 감동을 받는다.

다음은 위(Wee) 클래스에서 운영하는 특별교육 프로그램 예시이다. 사안마다 다르고 학교마다 다르겠지만 상담교사에게 도움이 되길 바라며 소개한다.

날짜	교육 내용
1일차	• 특별교육 구조화 • 사안 탐색
2일차	• 자기 이해 돕기 • 심리검사 • 해석 상담
3일차	• 학교폭력의 이해 • 학교폭력의 유형 알기 • 퀴즈로 푸는 학교폭력
4일차	• 체인분석[15]을 통한 대처전략 세우기
5일차	• 미래 전략 세우기(재발 방지 약속) • 특별교육 소감문 작성

DBT는 감정조절장애와 경계선 성격장애를 위한 행동치료 기술이다. DBT의 훈련기술은 크게 수용기술과 변화기술로 이루어진다. 마음챙김과 고통감싸기는 수용기술이고 정서조절과 효과적인 대인관계는 변화기술이다. 우리에게 오는 특별교육 대상 학생들은 대부분 충동성을 억제하지 못하는 경우가 많다. 다시 말하면 정서조절의 실패로 인해 가해자가 된 학생들이다. 이에 DBT의 변

---

15 문제행동을 차단하고 효과적인 행동을 할 수 있는 지점을 찾아 대안을 찾는 DBT 기술훈련의 한 방법

화기술 중 정서조절을 위한 체인분석을 실제 사례에 비추어 소개하고자 한다.

상담교사 여름아 어서 와. 오늘이 특별교육 4일 차 되는 날인데 힘들지는 않아?

학생 네.

상담교사 그래도 여름이가 잘못한 행동에 대해 책임지려고 특별교육에 빠지지도 않고 시간 맞춰 오는 모습이 대단하네. 오늘은 선생님하고 체인분석이라는 것을 해보려고 해. 체인분석은 너에게 있었던 일을 체인처럼 생긴 동그라미 안에 간단히 정리하면서 어떤 지점에서 행동을 다르게 했다면 결과가 달라졌을까를 알아보는 상담 기법 중의 하나야.

학생 그런 게 있어요? 한번 해보고 싶어요.

상담교사 여기 이 화이트보드에 그림으로 그리면서 해볼 거야. 첫째 날에 여름이가 선생님한테 이번 학교폭력 사안에 대해 말해 줬잖아? 그 사안을 다시 한 번 선생님하고 정리한다는 마음으로 여기에 그리면서 해볼게. 먼저 여름이가 어떤 일로 이렇게 특별교육을 받게 되었지?

학생 친구를 때렸어요. **(문제행동)**

상담교사 그래, 친구를 때린 것이 문제행동이 되었네? 근데 선

선생님도 궁금한 학교 상담실 엿보기

생님이 볼 때는 여름이가 이유 없이 그냥 때리지는 않았을 거 같은데 그 이유가 있었을까?

학생   철수가 저를 계속 놀리면서 툭툭 건드렸어요. **(촉발사건)**

상담교사   너를 놀리면서 툭툭 쳐서 화가 났구나?

학생   네. 근데 그냥 짜증이 나서 주먹으로 쳤는데 힘 조절이 안 돼서 코뼈가 나갔어요.

상담교사   저런… 그런 일이 있었구나. 그때 여름이 마음이 어땠어?

학생   저는 그냥 짜증나서 얼굴을 때렸는데 코뼈가 부러질 줄은 몰랐거든요. 그래서 좀 놀랐어요. 근데 좀 후련하기도 했어요.

상담교사   놀라기도 하고 후련하기도 했다는 말이구나. 근데 철수가 너를 툭툭 건드리거나 놀린 것이 처음 있는 일이었니?

학생   아니요. 평소에도 저를 잘 놀려요. 그래서 계속 좀 철수한테 기분이 나빴어요. 그런데 그날은 시험 기간이었거든요. 저는 시험 때 예민하고 잠도 못 자고 좀 그렇거든요. 시험 잘 보는 거를 엄청 신경 쓰고 그런단 말이에요. 그래서 시험공부 하느라 힘들고 예민한데 쉬운 문제 틀렸다고 놀리면서 툭툭 건드려서 못 참고 때리게 됐어요. **(취약성 요인 확인)**

상담교사	시험 기간이라서 예민해 있었구나. 게다가 평소에도 너를 계속 건드려서 기분이 안 좋았는데, 시험 잘 보고 싶은 마음이 뜻대로 안 되어서 화가 난 그날에 너를 건드리니, 말하자면 화가 폭발한 거네?
학생	네. 맞아요. 근데 일이 이렇게 커질 줄은 진짜 몰랐어요.
상담교사	일이 이렇게 커졌다는 말을 조금 더 설명해 줄 수 있을까?
학생	학폭에 신고도 되고, 학생부에서 계속 조사받고, 부모님도 오시고, 학폭심의위원회에도 가고, 이렇게 특별교육도 받게 되고 이런 게 엄청 힘들어요. 생활기록부에도 올라간대요. **(문제행동의 결과)**
상담교사	아 그러니까 여름이는 학폭에 신고되고 특별교육받고 이런 것을 원한 건 아니었던 거네? 그럼 여름이가 진짜 원했던 결과는 어떤 거였을까? **(원하는 결과 확인)**
학생	제가 원하는 거요? 저는 그냥 철수가 저 안 건드렸으면 좋겠어요. 저 놀리지도 않고요.
상담교사	여름이가 원하는 결과는 여름이가 학폭에 신고되고 이렇게 특별교육 받고 이런 것이 아니라 철수가 너를 안 놀리고 괴롭히지 않는 거였네? (네) 그런데 그런 결과를 원했는데 여름이가 원하는 결과를 얻는데 방

	해가 된 것은 어떤 것이 있었을까?
학생	글쎄요. 제가 그냥 철수가 놀릴 때 하지 말라고 소리치거나 선생님께 신고했으면 제가 원하는 결과를 얻었을 거 같아요.
상담교사	그러면 지금 여기 이렇게 행동의 결과까지 칠판에 그림으로 그려봤는데 여기서 어떤 연결고리를 바꾸면 지금의 결과가 아니라 여름이가 원하는 결과를 얻을 수 있었을까? **(문제행동 차단을 위한 고리 찾기)**
학생	철수가 저한테 쉬운 문제 틀렸다고 놀릴 때 그냥 무시하고 밖으로 나가서 애들하고 농구 할 걸 그랬어요. **(스스로 문제행동 차단을 위한 해결 방법 찾기)**
상담교사	와. 훌륭한걸? 여름이가 이미 해결 방법을 다 알고 있네? 그런데 지금은 이렇게 방법까지 알고 있는데 그때는 그게 왜 안됐을까?
학생	제가 욱하는 성격이 있거든요. 사실 초등학교 때도 이와 비슷한 일이 한 번 있었고, 집에서도 화가 나면 못 참을 때가 가끔 있어요. 근데 진짜 자주는 아니에요. 쌤(웃음).
상담교사	여름이 안에 욱이가 살고 있구나? (웃음) 그 욱이를 좀 다스려야겠네? (같이 웃음) 근데 여름이가 학교생활 하다 보면, 앞으로도 시험이나 어떤 중요한 일을

치러야 하는데 그럴 때마다 예민해 질 수도 있고 또
놀리는 친구가 생길 수도 있을 텐데… 어쩌지?

학생 예민하지 않게 잠도 좀 잘 자고 마음을 편하게 해야
할 거 같아요. 운동도 할 거구요. 그리고 욱하고 올
라올 때는 잠시 그 자리를 피하려고요.

상담교사 멋지다. 그래. 이미 여름이가 말했듯이 여름이 안에
있는 욱이를 다스리는 방법을 알게 되었네. 행동으
로 실천만 하면 되겠다. (중략)

여름이는 특별교육이 끝난 후 일상생활에서도 뭔가 잘못되어
간다 싶을 때는 체인분석을 해본다고 한다. 체인분석은 DBT의 여
러 기법의 하나다. 다음 그림은 여름이와 했던 체인분석을 정리한
것이다.

선생님도 궁금한 학교 상담실 엿보기

[여름이의 체인분석 사례]

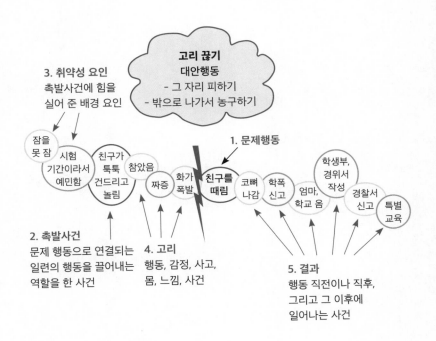

3. 취약성 요인
촉발사건에 힘을
실어 준 배경 요인

고리 끊기
대안행동
- 그 자리 피하기
- 밖으로 나가서 농구하기

1. 문제행동

잠을 못 잠

시험 기간이라서 예민함

친구가 툭툭 건드리고 놀림

참았음

짜증

화가 폭발

친구를 때림

코뼈 나감

학폭 신고

엄마, 학교 옴

학생부, 경위서 작성

경찰서 신고

특별 교육

2. 촉발사건
문제 행동으로 연결되는
일련의 행동을 끌어내는
역할을 한 사건

4. 고리
행동, 감정, 사고,
몸, 느낌, 사건

5. 결과
행동 직전이나 직후,
그리고 그 이후에
일어나는 사건

3부

부록

첫 회기와 마지막 회기 학생 상담 시나리오(예시)

첫 회기 상담

1. 인사하기

① 자발적 내담자 : 상담 받으러 온 것을 격려해 주고 칭찬함.

② 비자발적 내담자 : 불편한 마음 살피기, 의뢰 이유에 대해 함께 이야기

③ 문제해결 및 변화에 대해 희망을 갖도록 도움

　(문제를 용기 있게 드러내는 일이 해결의 출발점이라는 것을 안내)

2. 마음 확인

① 상담 오기 전에 기분은 어땠어?

② 혹시 상담하는데 특별히 걱정되거나 마음 쓰이는 것은 없었니?

③ 상담실에 오기까지 어떤 마음으로 왔을까?

3. 상담 안내

① 선생님이 먼저 상담에 대해 말을 해 줄게. ○○이가 선생님 이야기 듣고 난 후에 궁금한 거 있으면 질문해 줘.

② 우리 상담은 매주 금요일 오후 4시부터 4시 50분까지 50분씩 진행할 거야. 만약에 일이 생기거나 일정 변동이 있을 때는 선생님한테 미리 연락하는 거 부탁할게. 연락처는 ○○○이야.

③ 일반적으로 상담은 10~12회기를 하는 것이 효과적이라는 보고가 있어. 그래서 선생님도 지금으로는 10회기 정도를 했으면 하거든. 물론 상담회기는 합의에 따라서 더할 수도 있고 덜할 수도 있어. 종결 시점은 상담하면서 좀 더 얘기해 보도록 하자.

④ 상담을 그만두는 것도 너의 권리이니까 편한 대로 해도 되는데 우리가 길을 갈 때 평지만 나오는 게 아니라 울퉁불퉁한 길도 나오고 언덕길도 나오고 하잖아? 그렇듯이 상담도 마찬가지라고 보면 돼. 상담이 어떤 날은 좋았다가 어떤 날은 또 좀 마음에 안 들기도 할 거야. 그렇더라도 선생님은 ○○이가 이런저런 시간을 잘 견디고 무사히 상담을 마무리하길 바라.

⑤ 상담 시간에는 ○○이가 얘기하고 싶은 것은 무엇이든 얘기할 수 있어. 그리고 선생님하고 나눈 이야기는 다음의 몇 가지 상황을 제외하고는 다른 사람한테 말하지 않을 거야.

⑥ 만약 ○○이가 자신을 해하거나 다른 사람을 해하려 할 때, 전염병에 걸렸을 때는 선생님은 비밀을 지켜줄 수 없어. 왜냐하면 안전이

상담 보다 우선되어야 하기 때문이야. 그다음은 ○○이가 학대받고 있다는 사실을 알았을 때, (성)폭력을 당하고 있는 것을 알았을 때나 범죄와 연루되었을 때에도 비밀을 보장할 수 없다는 것을 미리 말해 둘게. 지금 선생님이 말한 이런 것을 제외하고는 그 어떤 이야기도 비밀을 지켜줄 거야.

⑦ 그리고 법정에서 혹은 너의 부모님께서 상담내용을 요청할 때는 너에게 허락을 받은 후에 상담 내용의 요약본을 줄 수도 있어. 그런데 사전에 ○○이 허락을 받을 거야.

⑧ 선생님이 상담내용을 녹음할 수도 있어. 녹음하는 이유는 선생님이 ○○이를 상담하다가 선생님의 선생님과 의논이 필요하다고 생각될 때 의논을 하기 위해서야. 그런걸 수퍼비전이라고 하는데 수퍼비전이 끝나고 난 후에는 녹음파일은 삭제될 거야. 물론 ○○이가 동의하지 않으면 녹음은 안 할 거야.

⑨ 선생님이 상담에 대해 알릴 사항은 다 알려줬는데 혹시 상담 과정에 대해서 궁금한 점이나 이해가 안 되는 점이 있을까?

4. 호소문제 확인

① 자발적 내담자

- ○○아, 무엇이 고민이야?

- 요즘 가장 어려움을 느끼고 있는 것이 있을까?

- 상담에서 특별히 얘기하고 싶은 것이 있을까?

② 비자발적 내담자

- ○○이가 원해서 온거 같지는 않은데 혹시 이런 기회가 있을 때 선생님하고 나누고 싶은 이야기는 없을까?

- 담임선생님(부모님)께서 너의 상담을 요청하셨는데 ○○이가 생각할 때는 담임선생님(부모님)께서 이 상담을 통해서 어떤 도움을 주고 싶으셨을까?

5. 목표 설정과 기대 확인

① 이 시점에서 상담을 받고자 한 이유 탐색

- ○○이는 상담을 통해서 기대하는 것이 무엇이 있을까?

- 상담을 통해서 원하는 것이 있을까?

② 상담 목표 확인

- 이 상담이 다 끝나고 나서 무엇을 보면 '아 이것이 해결되었구나' 하고 느낄까?

  ▶ 목표가 비현실적 때는 상담자가 실제로 제공할 수 있는 것에 대해 명확하게 말하기

- 이 상담이 다 끝나고 나면 어떤 상태이기를 바라니?

  ▶ 추상적으로 말했을 때는 다시 질문하기

- 좀 더 구체적으로 뭘 보면 '이것이 해결되었구나' 하고 느낄까? 예를 들어서 얘기해 줄 수 있을까?

③ 목표가 한 가지인 경우

- 방금 말했던 ○○○ 이것으로 상담 목표를 정하려고 하는데 괜찮을까?

④ 목표가 여러 개인 경우

- 방금 ○○이가 말한 상담 목표가 이것도 있고, 이것도 있고, 이것도 있는데 우리의 시간은 한정되어 있어서 이걸 다 해결하려면 오랜 시간이 걸릴 거 같아. 그래서 그중에서도 가장 시급하다고 생각하는 거나 혹은 가장 다루고 싶다 하는 거를 한 가지만 정하려고 하는데 괜찮을까?

6. 초점 맞추기

① 상담 목표에서 벗어나는 이야기가 나올 경우

- 만약 목표와는 다른 얘기로 자꾸 가려고 하면 그때마다 이렇게 얘기하려고 하는데 "지금 이야기하는 것은 그것(상담 목표)과 무슨 연관이 있을까?"

② 주변 인물로 초점이 바뀌는 경우

- 만약, "우리 엄마는 너무 무서워요."라고 얘기했다면 "○○이가 어떤 행동을 할 때 엄마가 무섭다고 느껴졌을까?", " 언제 가장 무섭게 느껴질까?"라고 학생에게 초점을 맞추기

7. 첫 회기 마치기

① 상담 종료 5~10분 전에 회기 종료 말하기

- "○○아, 오늘 상담이 10분 정도 남았네."라고 안내하여 상담을 마칠 수 있도록 마음의 준비를 할 수 있게 하기

② 오늘의 상담 확인

- "오늘 상담은 어땠을까?"라고 반응을 확인하여 다음 회기 계획을 세우는 데 참고하기

③ 인사하기

- "한 주 동안 잘 지내고 다음 주에 보자."라고 끝인사를 하여 일상생활 모드로 전환해 주기

마지막 회기 상담

① 상담 과정 돌아보기

- 1회기부터 상담했던 내용 간단하게 복습하며 성취감 주기

- 이번 상담이 ○○이에게 어떤 의미가 있었을까?

- 도움이 되었던 점이나 아쉬운 점 확인

  ▶ 상담에서 가장 도움이 되었던 건 어떤 게 있을까?

  ▶ 아쉬운 점이 있다면 또 어떤 게 있을까?

- 상담이 마술적인 완치가 아니므로 여전히 어려운 부분이 있을 수 있

고 해결할 문제가 있음을 다루기

② **미래에 관해 이야기하기**

- 상담 기간이 더 필요한지 확인하기

- 상담에서 배운 거 일상생활에서 적용할 수 있도록 독려하기

- 상담 중 찾았던 긍정적 자원을 갖고 살아갈 수 있도록 격려하기

③ **작별 인사하기**

- 이별의 느낌을 있는 그대로 나누기

- 학교생활 잘하고 멋지게 성장하기를 바란다는 인사로 상담실 밖에서
  의 적응적 삶 돕기

자해행동에 대한 오해와 진실

1. 자해행동은 관심을 받기 위해서이다?(X)

자해행동은 관심을 받기 위해서가 아니라 문제해결 방법으로써 부정적인 기분을 완화하고 대인관계에서의 갈등을 해결하기 위한 방안으로 자해를 선택하는 경우가 많다. 대부분의 아이들은 자해행동이 잘못된 행동이라고 생각해서 두려워하거나 부끄러워 주변사람들에게 드러내지 않고 숨기려고 한다. 이러한 점은 아이들이 자해행동을 하더라도 적절한 도움을 받지 못하는 이유이기도 하다.

2. 자해행동은 아무런 도움이 되지 않는다?(X)

자해하는 학생들은 자해행동을 통해 심한 공허감이나 자기혐오 등 고통스러운 감정 상태에서 잠시 벗어날 수 있었다고 말한다. 하지만 이러한 자해의 긍정적인 효과는 잠시 지속될 뿐 오히려 자해행동으로 인하여 친구들과의 관계에 지장이 생기거나 자해행동을 했다는 죄책감으로 더욱 부정적인 감정을 느끼기도 한다.

3. 자해하는 사람은 위험하거나 정신이 이상한 사람이다?(X)

자해하는 사람들의 상당수가 불안, 우울, 식이장애 등을 경험할 확률이 높다고 하지만 그들이 위험한 사람은 아니다. 자해라는 행동을 통해 다른 사람에게 어떻게든 해를 끼치지 않으려고 나름의 대응을 하는 것이므로 자해하는 학생을 위험하거나 정신이 이상한 사람으로 낙인을 찍기 보다는 그들에게 필요한 도움을 주는 것이 중요하다.

4. 자해행동은 실패한 자살시도이다?(X)

자해행동은 대부분 고통스러운 감정에서 벗어나려는 건강하지 못한 대응방법이며, 실제로 죽으려는 마음으로 하는 것이 아니라 살기 위한 몸부림이라 할 수 있다.

5. 자해 상처가 심하지 않으면 심각하지 않은 것이다?(X)

자해 상처의 심각도와 당사자가 느끼는 고통이나 문제의 심각도는 비례하지 않는다. 그러므로 자해 상처가 대수롭지 않더라고 이를 무시하거나 단순히 말로써 위로만 해서는 안 된다. 모든 자해는 심각하게 생각하고 접근해야 한다.

6. 학생과, 자해 사실을 비밀로 하기로 하였으면 끝까지 이를 지켜야 한다?(X)

자해나 자살과 같은 사안은 생명과 신체의 안전에 직결되기 때문에 용기를 내어 공개하고 전문가의 도움을 받는 것이 원칙이다. 상태가 심각하지 않거나 상황이 여의치 못할 경우 잠시 비밀로 할 수 있겠지만, 이때도 반드시 주의 깊게 관찰을 해야 하고 조금이라도 위험한 상황이 발생하면 학생의 안전을 위해 비밀로 할 수 없음을 미리 분명히 알려두어야 한다. 또한 학생에게 필요하다고 판단되는 경우에는 외부에 이를 알리고 도움을 요청할 수 있다고 미리 언급해 두어야 한다.

— 학생자해대응 교사용 안내서(2020. 교육부)

자기보고식 자해 평가 기록지[16]

아래의 질문들은 자해에 대해 묻는 질문입니다. 이러한 질문들은 이야기하거나 떠올리기 어려운 주제가 될 수 있습니다. 불편하거나 부정적인 감정이 강하게 느껴지기 시작하면 언제든지 그만둘 수 있습니다. 작성한 답변은 여러분을 돕기 위한 정보로 활용할 것이며, 응답한 내용은 철저히 비밀을 지키겠습니다.

---

16 자해행동을 보이는 학생을 돕기 위한 교사용 가이드(2017, 경기도교육청)

Ⅰ. 최근 자해 시도와 빈도

1. 가장 최근 자해를 한 적은 언제입니까?

① 1주일 이내   ② 1주에서 1개월 사이

③ 1개월에서 3개월 사이   ④ 3개월에서 6개월 사이

⑤ 6개월에서 1년 사이   ⑥ 1년에서 2년 사이

⑦ 2년 전에   ⑧ 기타(년   월 정도)

2. 앞으로 자해를 할 가능성은 얼마나 됩니까?

①	②	③	④	⑤
안 할 것 같다.	거의 안 할 것 같다.	확실하지 않다.	가끔 할 것 같다.	매우 높다.

3. 처음 자해를 했던 때는 언제입니까? (세)

4. 자해를 했던 총 횟수는 몇 번입니까?

① 단 한 번   ② 2-3회   ③ 4-5회   ④ 6-10회

⑤ 11-20회   ⑥ 21-50회   ⑦ 50회 이상

5. 아래 문장 중 첫 번째 자해를 하게 되었던 동기를 가장 잘 설명하는 문장은

　　어떤 것입니까? (해당하는 것에 전부 체크해 주세요.)

① 친구의 제안으로 자해를 하였다.

② 인터넷에서 자해에 대해 알게 되었고 하기로 결심했다.

③ 책, TV, 영화에서 자해에 대해 읽거나 보고 하기로 결심했다.

④ 내가 아는 사람이 자해를 하는 것 같다.

⑤ 연예인이 자해를 한다고 들었다.

⑥ 나는 우연히 자해라는 것을 발견하였다(이전에 자해에 대해 보거나 들은 적 없었다).

⑦ 자해는 용기가 생기게 하는 하나의 방법이다.

⑧ 자해를 하는 친구 때문에 시작하였다.

⑨ 나는 어떤 집단에 속하길 바라는 마음에서 자해를 시작하였다.

⑩ 다른 사람에게 상처나 충격을 주길 원해서 시작하였다.

⑪ 나는 화가 난 상태에서 자해를 하기로 결심했다.

⑫ 다른 사람이 나의 상처나, 나를 돌봐주기를 바라는 마음에서 자해를 시작하였다.

⑬ 자해를 할 때 느낌이 좋다.

⑭ 다른 사람이나 상황에 화가 난 상태에서 자해를 하였다.

⑮ 나는 내 자신에게 화가 났었다.

⑯ 나는 술이나 본드, 수면제 등의 약물을 복용한 상태였다.

⑰ 다른 구체적인 이유가 있다.

⑱ 나는 기억할 수가 없다.

6. 처음 자해를 하였을 때, 어떤 경로를 통해서 자해를 생각하게 되었습니까?

① 인터넷 웹사이트를 통해 자해를 알게 되었다.

② 병원이 아닌 다른 곳에서 다른 사람에게 자해에 대해 들었다.

③ 웹 블로그에서 자해에 대해 읽었다.

④ 병원에서 다른 사람에게 자해에 대해 들었다.

⑤ 책이나 잡지에서 자해에 대해 읽었다.

⑥ 병원에서 자해를 하는 다른 사람을 보았다.

⑦ 텔레비전과 영화에서 자해를 하는 것을 보았다.

⑧ 자해에 대해 내가 생각했었다.

⑨ 병원이 아닌 다른 곳에서 자해를 하는 사람을 보았다.

⑩ 기타(   )

7. 처음 자해를 하였던 장소는 어느 곳입니까?

① 자신의 방   ② 화장실   ③ 공원   ④ 골목길

⑤ 친구의 집   ⑥ 학교 내   ⑦ 기타 다른 장소

8. 처음 자해를 한 방법은 어떤 방법입니까?

① 손톱으로 꼬집거나 다른 물건으로 피부에 심각한 상처나 출혈이 나
   도록 했다.

② 손목, 팔, 다리, 몸통 혹은 다른 신체 부위에 칼로 그었다.

③ 피부에 산성 물질을 떨어뜨렸다.

④ 피부에 글자나 상징 같은 것을 새겼다.

⑤ 부식성 물질이나 날카로운 물질을 삼켰다.

⑥ 출혈이 발생할 만큼 깨물거나 피부에 상처를 남겼다.

⑦ 뼈를 부러트리기 위한 시도를 하였다.

⑧ 뼈를 부러트렸다.

⑨ 피부를 찢거나 뜯어냈다.

⑩ 손목, 손, 팔, 다리, 몸통 혹은 다른 신체부위를 불태웠다.

⑪ 피부를 유리로 문지르거나 바늘, 핀, 스테플러 같은 것으로 피부 표면이나 하부를 찔렀다.

⑫ 어떤 물체로 타박상이나 출혈이 나도록 찌르거나 쳤다.

⑬ 의도적으로 상처가 치료되는 것을 막았다.

⑭ 상처를 얻기 위한 의도로 싸움을 하거나 다른 공격적인 행동을 하였다.

9. 자해를 하는 것에 대해 알고 있는 사람이 있습니까?

① 아무도 모른다.   ② 몇몇의 사람들   ③ 대부분의 사람

10. 자해를 알고 있는 사람은 누구입니까?

① 친구   ② 심리학자/정신의학자   ③ 다른 정신건강 전문가

④ 전화상담원   ⑤ 가족 구성원   ⑥ 학교 상담사

⑦ 기타(   )

11. 자해를 하였던 신체 부위는 어디이며 가장 많이 한 부위는 어디입니까?

　　(해당하는 것에 전부 체크해 주세요.)

1순위:

2순위:

3순위:

① 손목　　② 손　　　　③ 손가락　　④ 종아리 혹은 발목

⑤ 허벅지　⑥ 복부 혹은 흉부　　　⑦ 등　　　⑧ 머리

⑨ 발　　　⑩ 얼굴　　⑪ 입술 혹은 혀　　　⑫ 어깨 혹은 목

⑬ 유방　　⑭ 생식기 혹은 직장　　⑮ 다른 부위(　　　　　　)

12. 주로 자해를 하였던 장소는 어느 곳입니까?

① 자신의 방　　② 화장실　　③ 공원　　　　④ 골목길

⑤ 친구의 집　　⑥ 학교 내　　⑦ 기타 다른 장소

II. 자해 심각성

13. 자기 생각보다 더 심각하게 자해를 한 적이 있습니까?

① 그렇다.　　　② 아니다.

14. 병원치료를 받아야 할 만큼 심각하게 자해를 한 적이 있습니까?

① 그렇다.   ② 아니다.

15. 생각한 것보다 더 심하게 자해를 한 적은 몇 번입니까?

① 1회   ② 2-3회   ③ 4-5회

16. 자해로 인해 생겼던 신체적 상처에 대해 의학적인 치료(심리치료가 아닌 것)

   를 받은 적이 있습니까?

① 그렇다.   ② 아니다.

17. 자해에 대해 심리치료나 상담을 받은 적이 있습니까?

① 그렇다.   ② 아니다.

18. 술이나 본드, 수면제 등 약물의 영향으로 생각했던 것보다 더 심각하게 상

   처를 낸 적 있습니까?

① 그렇다.   ② 아니다.

III. 자해 의도

19. 다음의 질문은 자해를 시작한 이유와 지속하는 이유에 대해 묻는 질문입니다. 아래의 진술문 중 자신의 상태를 가장 잘 설명하는 것에 동그라미를 해 주십시오.

어떤 이유로 자해를 하였는지 가장 잘 나타내는 것에 체크해 주십시오. 자해를 했던 이유가 전혀 아니라면 '전혀 아니다'에 항상 자해를 하는 이유라면 '항상 그렇다'에 체크해 주십시오.	자해를 시작한 이유는 무엇입니까?			자해를 지속하고 있는 이유는 무엇입니까?		
	전혀 아니다	보통이다	항상 그렇다	전혀 아니다	보통이다	항상 그렇다
1. 극심한 긴장감에서 벗어나기 위해서						
2. 술이나 본드, 수면제와 같은 약에 취한 것과 같은 느낌을 경험하기 위해						
3. 부모님이 나에게 화를 내지 않도록 하기 위해						
4. 혼자라는 느낌이나 공허함을 느끼는 것을 멈추기 위해						
5. 다른 사람들의 관심이나 돌봄을 받기 위해서						
6. 나를 처벌하기 위해						
7. 아주 신나는 감정과 같은 흥분감을 느끼기 위해						

8. 문제로부터 벗어나기 위해						
9. 불쾌한 기억에 대한 주의를 돌리기 위해						
10. 내 몸에 대한 이미지나 외형을 변화시키기 위해						
11. 어떤 집단에 속하기 위해						
12. 분노를 풀기 위해						
13. 다른 사람들에게 나의 상처를 보여주기 위해						
14. 참을 수 없는 통증을 느낄 때 다른 신체 부분의 통증으로 대처하기 위해						
15. 사람들이 갖는 나에 대한 기대를 멈추기 위해						
16. 우울한 느낌이나 가라앉는 느낌을 없애기 위해						
17. 자살하겠다는 생각을 멈추기 위해						
18. 자살하겠다는 생각이 행동이 되어가는 것을 막기 위해						
19. 내가 존재하지 않는다는 생각이 들 때 실제로 존재함을 느끼기 위해						
20. 좌절감을 감소시키기 위해						
21. 원하는 대로 되지 않을 때, 무언가 되고 있다는 느낌을 갖기 위해						
22. 무엇이든 할 수 있다고 스스로 입증하기 위해						

23. 성적인 흥분을 위해						
24. 성적 흥분을 감소시키기 위해						
25. 기타 다른 내용( )						

자기보고식 자해 평가기록지 해석			
- 소요시간: 약 30분 - 검사실시 후 빠진 문항 확인(실수인지, 의도적인지 확인할 것!)			
Ⅰ. 최근 자해 시도와 빈도 Ⅱ. 자해심각성	별도 해석 지침 없음, 내용 그대로 정보로 활용		
Ⅲ. 자해 의도	내적 정서조절		4, 6, 9, 14, 16, 17, 18, 19
	사회적 영향		3, 5, 8, 10, 11, 13, 15, 21
	외적 정서조절		1, 12, 20
	감각 추구 성향		2, 7, 22, 23, 24

위기 상황 시 심리교육은 실제 위기 상황에서 실시한 교육의 단계로 가장 효과적으로 적용된 단계입니다. 위기 상황과 사례에 따라 단계를 다르게 적용할 수 있습니다.

오리엔테이션: 긴장 푸는 방법을 소개하고 연습하기

긴장을 풀 수 있는 호흡법, 심호흡(복식 호흡법)과 나비 포옹법을 연습합니다.

호흡법

숨을 들이쉬면서 아랫배가 풍선처럼 부풀어 오르게 하고 숨을 내쉴 때마다 숨이 빠져 나가도록 하기	두 손을 가슴 위에 교차시킨 상태에서 나비가 날갯짓 하듯이 좌우로 번갈아 가며 두드리기

STEP 2

스트레스·트라우마 변화단계 안내하기

쇼크단계 (0~48시간)		반응단계 (사건 발생~1주)		회복단계 (1주~1개월)
싸움, 도주, 얼어붙는 반응	···→	탄력적 행동 (사건을 이해하기 위해 에너지 사용), 소진	···→	침습, 재평가, 애도

시간에 따른 외상 후 스트레스 증상 변화

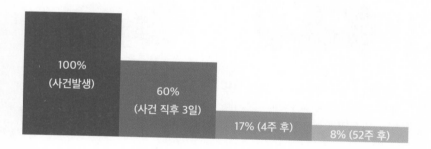

100%
(사건발생)

60%
(사건 직후 3일)

17% (4주 후)

8% (52주 후)

※ 외상 후 스트레스 증상은 사건 직후 3일에는 60%, 4주 후에는 17%, 52주 이후에는 8%로 점차 감
소함.

스트레스·트라우마로 인한 증상 안내하기

비정상적인 사건에 대해 정상적인 반응임을 알려줍니다.

인지	• 통제감 상실, 집중/기억력 저하 • 의사결정 곤란 • 사건 관련 생각 반복 • 사건이 다시 일어나는 듯한 경험 • (사건을 이해하려는) 비논리적 사고	⋯→	감당하기 어려운 경험을 "소화" 하려는 반응
신체	• 심장박동 증가, 호흡곤란 • 메스꺼움, 식욕저하, 떨림, 수면장애 • 신체 불편: 체기, 두통 • 배변문제, 생리주기 변화	⋯→	자기를 보호하기 위한 "경고알람" 생성
감정	• 충격, 혼돈, 혼란, 죄책감 • 화 및 짜증 증폭, 무감각, 무력감 • 절망감, 상실감, 두려움, 공포 등 기분의 부정적 변화	⋯→	비정상적인 상황에 대한 정상적 반응
행동	• 트라우마로 인한 철수, 사람, 장소 등을 회피 • 고립되어 혼자 지내려고 하거나 산만해짐	⋯→	괴로움을 피하고 싶은 자연스러운 반응

안전한 자기 돌봄 계획

◆ 현재 상황에서 몸과 마음을 안전하게 지킬 수 있는 방법 『자기돌봄』 알려주기

◆ 그라운딩(grounding) : '땅에 발을 딛는다' 의미

고통에서 벗어나 현실에 집중할 수 있도록 돕는 방법

주관적 고통이 6점 이상일 경우 → 그라운딩 사용하기

❖ **주관적 고통정도(Subjective Unit of Disturbance Scale, SUDS)**

트라우마를 경험한 내담자가 현재 느끼고 있는 심리적 고통 정도를 주관적으로 평가

1	2	3	4	5	6	7	8	9	10

심리적 고통이 없음 ←――――――――――→ 심리적 고통이 극심함

그라운딩에는 이런 방법들이 있어요!
• 모든 감각을 신체감각에 초점 맞추기
• 의자와 땅에 몸이 연결된 느낌에 집중하기
• 지금-여기 주변을 천천히 둘러보기
• 오감을 이용하여 기분 좋은 자극 3가지 찾기
• 호흡법: 심호흡, 복식호흡
• 기분이 좋아지는 취미 활동하기
• 안전지대법: 가장 편안하고 안정감을 느끼는 장소 생각하기

의미 있는 대화 안내하기

사람마다 얼굴 생김새가 다른 것처럼 놀람과 힘듦이 표현되는 방법은 차이가 있으니 각자의 방식과 속도를 존중해야 합니다.

피해야할 말들	• 확인되지 않은 죽음의 원인 및 사건 당일에 있던 일에 대해서 자세히 묻지 않기 "어떻게 죽은 거래?" "그 날 너 뭐 본 거야? 자세히 말해줘." • 단정하는 말 "상처가 곧 사라질 거야. 힘내." "네가 어떻게 느끼는지 내가 알아." • 상투적인 말 "사람은 누구나 언젠가는 죽어." "그런 일이 생긴 건 분명 신의 뜻이었을 거야."
스스로 위로하는 말	"힘들만 하지." "그럴 수 있어." "내가 이상한 게 아니야." "이만하면 잘 견디고 있는 거야."
나를 설명하면서 타인에게 도움을 요청하는 말	"내가 요즘 속상해." "요즘 나도 모르게 자꾸 화가 나고 힘들어." "그 일 이후로 마음이 슬퍼요. 어떻게 해야 될지 모르겠어요." "엄마 제가 요즘 불안해요. 같이 있어 주세요." "수업시간에 머리가 멍하고 집중하기 힘들어요. 선생님 저 좀 도와주세요."

위로의 말 건네기	"요즘 괜찮아? 어떻게 지내?" "큰일 있고 나서 많은 변화가 있지? 내가 도울 게 있으면 말해줘." "나도 마음이 아파. 화도 나고 내가 뭔가 잘못한 것 같고." "나도 마음이 아파. 네가 힘들 때 같이 이야기 나누고 싶어." "어떻게 하면 네가 좀 편안해 할지 같이 이야기해 보자." "네가 있어서 다행이야."

(3) 전문가의 도움이 필요한 신호

심리교육 후 다음의 신호들이 보이면 주변에 도움을 청하거나 전문가의 도움을 받을 수 있도록 안내합니다.

- 최근 친구들과 어울리지 않고 혼자 지내는 시간이 많음(3주 이상)
- 고인이 얼마나 고통스럽게 죽었는지에 대해서 몰두
- 사건을 떠올리면서 일상생활(수면, 섭식 등 기본적인 자기 돌봄)을 하지 않음
- 최근 몸무게의 급격한 감소(의도적인 체중관리는 제외)
- SNS 상태 메시지에 자살 암시 및 절망감을 지속적으로 표현
- 초조, 혹은 심각한 불안으로 인한 주의집중의 어려움 지속
- 가족이나 다른 사람에게 짐이 된 듯한 느낌을 반복적으로 이야기할 때
- 타인에 대해 공격적인 행동
- 타해나 자해 또는 자살에 대한 위험이 감지될 때

❖ 긍정 정서 경험 촉진하기

목표	• 긍정적 사건은 긍정적 감정을 증진시킴 / 부정적 감정을 감소시킴 • 모든 사람들은 그들이 행복하기 위한 긍정적 사건이 필요 • 긍정적 경험의 부재는 부정적 영향을 지님 　: 부정적 사건에 대한 고통스러운 정서에 대한 취약성이 증가함
긍정 정서 키우는 방법	• 하루에 적어도 한 가지 즐거운 감정을 느끼도록 하기 • 문제해결 기술들을 사용하기 • 미리 즐거운 사건을 계획하기 • 필요할 때 반대되는 행동 실험 • "자격이 있는", "자격이 없는"과 같은 판단적인 생각 하지 않기 • 긍정적 사건은 강화물임 • 회피하는 것을 회피하기 • 긍정적 경험은 주의를 기울이고 다시 초점을 맞추면서 온전히 경험하는 것을 허용하기 • 장기적으로 긍정적 경험이 이어지기 위해서는 우리의 삶을 개인의 가치를 기반으로 꾸려 나아가야 하며, 자신에게 중요한 목표를 성취하고, 사랑하는 사람들과의 관계를 잘 유지하는 것이 필요함

❖ 긍정 정서 소개 및 즐거운 활동 계획

정서조절은 격렬한 고통을 감소시키는 능력뿐만 아니라 긍정적인 감정을 증진시키는 능력도 포함됩니다. 아래에 제시된 것들은 긍정적인 감정을 경험하고 즐길 수 있도록 도움을 주는 여러 가지 활동들입니다.

◎아로마 테라피	◎초 켜기
◎자전거 타기	◎음악 감상하기
◎서점 둘러보기	◎명상하기
◎캠핑하기	◎사람 구경하기
◎요리하기	◎사진 찍기
◎스크랩북 만들기	◎악기 연주하기
◎춤추기	◎애완동물이나 친구들과 놀기
◎주거 공간 꾸미기	◎독서하기
◎그림 그리기	◎공원에서 산책하기
◎운동하기	◎버스 타기
◎정원 가꾸기	◎노래 부르기
◎마사지 받기	◎카페에 앉아서 음악 듣거나 책읽기
◎미용실 가기	◎욕조에 물 받아서 목욕하기
◎드리이브하기	◎맛있는 음식 먹기
◎네일아트 받기	◎공연보기(영화, 뮤지컬, 연극)

자살시도 학생 상담 시 "이것만은 꼭 기억하세요"

상담선생님~ 이렇게 해보세요! (담임선생님도 활용 가능)

▶ 학생이 하는 말을 비판이나 판단, 충고 없이 무조건적으로 들어주시고 공감해 주세요.

- "너를 힘들게 하는 일들이 무엇이 있니? 선생님한테 이야기해 줄 수 있을까?"
- "아, 그랬구나. 그래서 힘들었구나."

▶ 자살에 대해 구체적으로 물어봐 주세요.(자살이라고 콕~ 집어 이야기 해 주세요[17])

---

17 상담선생님과 자살 충동, 위기에 대해 이야기하면서 현재 자신의 상황을 좀 더 객관적으로 바라볼 수 있습니다.

- "어떤 이유 때문에 죽고 싶을까?"
- "죽고 싶다거나 죽는 게 더 낫다고 생각한 적이 있니?"
- "혹시, 자살하겠다고 생각하고 있니?"
- "최근에 어떻게 죽어야겠다고 계획을 세운 적이 있니?"
- "최근에 죽어야겠다고 어떤 행동을 해본 적은 있니?"

▶ 자살하려는 사람들은 자살 전에 죽음을 암시하는 신호를 보여줍니다.

신호가 감지되면 직접적으로 자살을 생각하고 있는지 물어봐 주세요.

자살 암시하는 신호들.

- 언어: "차라리 죽어버렸으면 좋겠어요. 난 아무 쓸모도 없어요. 난 살 가치도 없어요."
- 행동: 자해, 유서 작성, 자살을 암시하는 표현, 외모관심 저하, 짜증, 귀차니즘, 소중한 물건을 나누어줌
- 상황: 성적하락, 친구와 갈등 및 따돌림, 이성문제, 결석, 가정불화, 친밀한 대상의 죽음

▶ 자살충동이 너무 강력하거나, 정신질환(우울 등)이 동반되면 병원으로 연계해 주세요.

복합 트라우마 학생 상담 시 체크리스트

(복합 트라우마 증상의 학생을 상담할 때 회기때마다 체크하면 도움이 되는 자료입니다. 매 회기 때마다 활용해 보세요.)

회기	상담 내용		체크
1회기	외상 후 진단 척도로 증상과 심각성 확인 부록9 (p.143)		
	안전 확인: 과거부터 현재까지의 식습관(영양상태), 수면상태, 운동상태, 정서조절 방법, 약물사용 유무, 외부자극으로부터의 보호유무, 현재 거주상태 및 양육 상황		
	트라우마 위기평가	감정 조절 상태	
		자기를 해하는 활동(자해, 폭력, 약물사용)	
		주변 환경과 자원	

2회기	주관적 고통정도	
	트라우마로 인해 생긴 반응(침습, 회피, 과각성, 플래쉬 백, 꿈(악몽)) 확인	
	안전 확인: 1회기 상담 후부터 지금까지 식사상태, 수면상태, 운동하기, 정서조절상태 확인	
	상담 후 나를 위로하고 격려한 활동/자기 돌봄 질문지 `부록10` (p.146)	
3회기	몸의 긴장 이완 방법	
	안전 확인: 2회기 상담 후부터 지금까지 식사상태, 수면상태, 운동하기, 정서조절상태 확인하기	
	상담 후 나를 위로하고 격려한 활동/자기 돌봄 질문지	
4회기	트라우마 기억처리(인생선) `부록11` (p.148)	
	안전 확인: 3회기 상담 후부터 지금까지 식사상태, 수면상태, 운동하기, 정서조절상태 확인	
	상담 후 나를 위로하고 격려한 활동/자기 돌봄 질문지	
5회기	내담자의 현재, 미래 긍정자원 찾기	
	안전 확인: 4회기 상담 후부터 지금까지 식사상태, 수면상태, 운동하기, 정서조절상태 확인	

부록8 외상 사건 체크리스트

다음 사건의 목록은 **당신이 직접 경험 또는 현장에서 직접 목격했거나 중요한 타인**(예: 가족, 친지, 친구, 동료 등)이 경험했을 수 있는 사건들입니다. 해당하는 사건에 모두 V 표시해 주시고 사건을 경험한 당시 연령을 함께 기록해 주십시오. 만일, 일정기간 동안 해당 사건을 반복적으로 경험한 경우는 연령 범주(예: 10세~ 12세)로 기록해 주기 바랍니다.

사 건	본인 경험/ 직접 목격	주요 타인 경험	당시 연령
1. 사고 (예: 교통사고, 산업재해, 익수사고 등)			
2. 자연 재해 (예: 수해, 지진, 태풍, 해일, 산사태 등)			
3. 화재, 폭발 등			
4. 건축물 붕괴 (예: 건물 및 교량 등)			
5. 생명을 위협하는 질병 (예: 에이즈, 암 등)			

6. 일회성의 신체적 폭력(예: 신체 폭행 피해, 범죄 피해 등)			
7. 일회성의 성적 폭력			
8. 지속적이고 반복된 신체적 폭력 (예: 학교폭력, 가정폭력, 난민 생활 등)			
9. 지속적이고 반복된 성적 폭력(성매매 피해 포함)			
10. 아동기 신체적 또는 성적 폭력 경험			
11. 직무 특성상 반복적으로 충격적 사건에 노출됨 (예: 군인, 경찰, 소방공무원, 응급구조요원, 의료인, 심리치료자 등)			
12. 자살			

※ 위에서 한 가지 이상의 사건에 응답한 경우 다음의 문항에 추가로 응답해 주십시오.

❖ 과거 경험했거나 현재에도 진행 중인 사건 중 '가장 괴로움을 주는 일'은 무엇입니까?

위의 1~12번 가운데 하나를 선택하여 번호를 기록하십시오.

(   )

❖ '가장 괴로움을 주는 일'이 발생한 지 지금으로부터 얼마나 지났습니까?

(개월)

외상 후 진단 척도[18]

다음은 충격적인 사건을 경험한 이후에 나타날 수 있는 현상입니다. 지난 한 달 동안에 나타난 것을 생각해보세요. 그 각각에 대하여 0에서 3까지 하나를 골라서 V표 하세요.

	전혀 없음/ 단 1번	1주일 1번/가끔	1주일 2~4번	1주일 5번이상
	0	1	2	3
1. 그 일에 대해 생각하고 싶지도 않을 때 불쑥 생각나거나 머릿속에 그려진다.				
2. 그 일과 관련된 악몽을 꾼다.				

---

18 Foa. Cashman. Jaycox&Perry(1997), 안현의(2005) 번안. PTSD 진단과 증상 심각성을 자기 보고식으로 평가하기 위해 개발

3. 그 일이 마치 재현되듯 생생하게 느껴지고 그 때 당시처럼 행동하게 된다.				
4. 그 일을 떠올리면 괴로운 감정이 든다.(예: 두렵다, 화가 난다, 슬프다, 죄책감이 든다)				
5. 그 일을 떠올리면 신체적 반응이 느껴진다.(예: 심장이 뛴다, 진땀이 난다. 등)				
6. 그 일에 대해서는 생각하거나 말하지 않으려 하고 당시의 느낌조차 떠올리지 않으려고 애를 쓴다				
7. 그 일을 생각나게 하는 행동이나 사람들, 장소들을 가급적 피하려고 한다.				
8. 그 일과 관련된 중요한 기억의 한 부분이 도무지 생각나지 않는다.				
9. 지금 내 생활에서 중요한 것들에 대해 흥미가 떨어지거나 의욕이 낮아진다.				
10. 주위 사람들과 멀어지거나 단절된 느낌이다.				
11. 정서가 메마른 것처럼 무감각하다. (예: 눈물이 나지 않는다, 애정 어린 기분을 느낄 수 없다.)				
12. 내 미래에 계획이 뜻대로 이루어질 것 같지 않고 희망이 없이 느껴진다.(예: 제대로 된 직장이나 가족을 가지지 못할 것이다. 오래 살지 못할 것이다. 등)				

선생님도 궁금한 학교 상담실 엿보기

13. 잠이 잘 오지 않고 자더라도 자주 깬다.				
14. 짜증이 잘 나고 신경질을 종종 부린다.				
15. 집중하기가 어렵다.(예: 대화중에 다른 생각을 한다. TV, 드라마를 보다가 줄거리를 놓친다. 방금 읽은 내용을 기억하지 못한다. 등)				
16. 지나친 긴장상태에 있다.(예: 주위에 누가 있는지 자꾸 확인한다. 문 쪽으로 등을 돌리고 있으면 불안하다. 등)				
17. 작은 일에도 쉽게 놀란다.(예: 누가 뒤에서 걸어오는 것을 느낀다. 등)				

※ 문항별 증상 내용

• 1번~5번: 재경험

• 6번~12번: 회피/정서적 마비

• 13번~17번: 과각성

※ 결과 채점(총점을 구한다.)

• 10점 이하는 약함
• 11~20점은 중간
• 21점 이상은 고위험군
   * 이 척도는 선별검사이다. 검사결과 유의한 수준이 나온 경우 심층심리검사를 받아보도록 권한다.

부록10　자기 돌봄 질문지

자기 돌봄 질문지 Self-Care Questionnaire

아래의 각 문항에 대해서 "네" 또는 "아니오"로 응답하세요. 만일 질문에 해당 사항이 없다면 공란으로 비워도 좋습니다.

당신은

- 당신을 학대하거나 해를 가하지 않는 안전한 사람들과만 교류합니까?
- 건강한 섭식을 합니까?
- 위험한 상황들을 피하여 안전한 곳으로 다닙니까?
- 충분한 수면을 취합니까?
- 매일 위생관리를 잘 합니까?
- 적절한 신체 활동을 합니까?
- 처방된 약만을 복용합니까?

- 밤에 혼자 걷거나 산책하는 것을 피합니까?

- 당신의 수입 내에서 지출을 합니까?

- 만약에 당신에게 가정폭력이 발생하면 누구에게 연락해야 하는지 알고 있습니까?

- 주거 상태는 안전합니까?

- 당신 집에 낯선 사람을 불러들이는 것을 자제합니까?

- 최근을 기준으로 적어도 2명 이상 물질 사용과는 거리가 먼 친구가 있습니까?

- 의학적으로 고려될 만한 문제가 있을 때는 의사를 찾아갑니까?

- 흡연을 안 합니까?

- 음주를 안 합니까?

- 하루에 4컵 이내로 카페인을 제한하거나 7잔 이내로 탄산음료를 섭취합니까?

- 하루에 최소 1시간 이상 자유 시간을 가집니까?

- 매일 즐거울만한 활동을 합니까?

- 당신이 즐기는 여가활동이 적어도 3가지 이상 있습니까?

- 매일 영양제를 섭취합니까?

- 당신이 진심으로 대화를 나눌 수 있는 사람이 당신 인생에 최소 한 사람 이상 있습니까?

- 매주 최소 한번 이상 사회적 접촉이 있습니까?

- 종교 활동에 참여합니까?

인생선 작업(자원찾기)

인생선 작업은 내러티브 노출치료에서 사용되고 있으며, 내담자의 자원을 찾을 수 있는 방법입니다. 태어났을 때부터 시간 순서대로 나의 삶을 다루게 됩니다.

행복했던 일이 있었던 때는 그 일과 닮은 꽃을 놓는다 (혹은 그린다).
힘든 일이 있었던 때는 그 크기 만한 돌을 놓는다 (혹은 그린다).

출생   현재

❖ 준비물

• 크기와 모양, 색깔이 다른 종류의 꽃 10개 이상
• 크기와 모양이 다른 종류의 돌 10개 이상

- 실 또는 끈(종류는 상관없음, 쉽게 끊어지지 않는 실이나 끈)
- 위의 물품으로 준비되기 어려운 경우 그림(도화지, 색연필 등)으로 대체 가능

❖ **방법(순서)**

- 연대순으로 시간흐름에 따라 작업한다.
- 실을 길게 바닥에 놓는다.
- 탄생에서 시작한다.
- 탄생에 두고 싶은 꽃을 찾아 놓는다.
- 연대순으로 시간흐름에 따라 꽃 또는 돌이 되는 경험을 떠올리고 해당하는 물건을 실 위에 놓는다.
- 꽃 또는 돌이 되는 경험의 정보를 포스트잇에 적는다.
  * 꽃 경험- 행복하고 좋았던 기억, 성취한 경험, 긍정의 힘을 느낀 경험, 수용받은 경험
  * 돌 경험- 힘들고 슬픈 기억, 실패한 경험, 외상이나 스트레스 경험
  * 시기- 연도, 나이, 사건/제목(신문의 헤드라인 뉴스제목처럼 짧게 적는다.)
- 꽃 또는 돌이 되는 사건의 이야기를 짧게 이야기한다.(구체적으로 다루지 않는다)
- 위와 같은 방식으로 최근까지 꽃 또는 돌을 놓는다.
- 위의 작업이 다 끝난 후 풀리지 않는 미래의 공간에는 원하는 꽃을 두고 자신이 원하는 미래의 모습을 그려보게 한다.

- 인생선 작업을 마친 후 인생선 전체를 미래의 꽃에서 바라보게 하고 잠시 그 상태에서 떠오르는 신체감각, 감정, 생각에 머무르게 한다.
- 미래의 꽃에서 나의 인생선을 바라보며 드는 감정과 생각 등을 이야기 해본다.
- 다음 상담을 위해 인생선 사진을 찍어두거나, 그림으로 간략하게 그린다.

우리는 누구나 갑작스럽게 상실(loss, 가치 있다고 생각하는 어떤 대상과의 관계가 끊어지거나 대상과 헤어지는 것)을 경험할 수 있다. 그리고 우리는 자신만의 방법으로 애도를 한다. 갑작스럽게 닥치는 상황이든, 예상된 상황이든 상실은 누구에게나 힘든 경험이다.

상실의 대상에 따라, 그 사람과 함께 한 경험에 따라 개인이 느끼는 상실감은 다르다.

그래서 사랑하는 사람을 잃은 후 겪게 되는 과정을 이해하는 것은 상실로 인한 상처를 극복하고 회복하는데 매우 중요하기 때문에 애도 심리교육이 필요하다.

다음의 애도 심리교육은 실제 애도를 경험한 상황에서 실시한 교육의 단계로 가장 효과적으로 적용한 단계이다. 상황과 사례에 따라 단계를 다르게 적용할 수 있다.

『애도 심리교육』

1. 긴장 풀기

갑작스런 소식에 우리 몸과 마음이 얼어붙어 몸에 잔뜩 힘이 들어간 긴장 상태가 된다.

이럴 때 몸에 힘을 뺄 수 있는 방법을 배워두면 몸과 마음이 놀란 상황일 때 긴장을 풀어주어 스스로 통제감과 조절감을 갖도록 하는 데 도움이 된다.

1. 호흡하기 연습(심호흡 & 복식호흡)

- 심호흡: 긴장하면 자신도 모르게 '후~'하고 한숨을 내쉬게 된다. 한숨이 건강에 도움이 된다고 한다.
- 복식호흡: 한손은 가슴에 한손은 배에 얹고 숨을 코로 들이쉬면서 배를 크게 부풀도록 하고, 내쉴 때는 입으로 숨을 내뱉는다. 이때 들숨보다 날숨을 조금 더 길게 내뱉는다. 5회 정도 반복한다.

2. 착지법

땅에 발을 딛고 있는 것을 느끼도록 한다. 지금-여기에 집중하여 발이 땅에 닿아 있는 느낌에 집중하며 천천히 호흡하도록 한다. 발꿈치를 들었다가 쿵하고 내려놓으며 발바닥이 땅에 닿는 느낌에 집중하도록 한다.

선생님도 궁금한 학교 상담실 엿보기

3. 지금 여기 초점 맞추기

호흡을 하면서 눈을 감고(눈을 뜨고) 천천히 주변에서 들리는 소리에 집중해본다.

호흡을 하면서 눈을 감고(눈을 뜨고) 천천히 주변을 둘러보며 보이는 것 5가지(예: 책상, 칠판 등)를 한 번씩 보게 한 후 천천히 숨을 들이쉬고 내쉰다.

4. 안전지대에 머무르기

호흡을 하면서 눈을 감고(눈을 뜨고) 자신이 가장 안전하고 편안하게 느끼는 장소를 떠올린다.

그곳에 잠시 머무르며 그곳에서 느껴지는 감촉과 냄새와 소리에 집중해 보며 몸과 마음을 안정시킨다.

2. 애도(상실)의 4단계 소개하기

(영국의 정신과의사 존 볼비, John Bowlby)

상실을 겪을 때 우리 몸과 마음은 다양한 변화가 나타난다. 4가지 과정은 자연스럽고 정상적인 반응이다. 순차적으로 나타나지 않을 수 있다. 슬픔을 느끼는 기간은 대개 6개월~1년 정도로 개개인의 상황에 따라 다르다.

다음과 같은 과정을 통하여 상실과 새로운 삶에 적응할 수 있게 된다.

1단계

무감각, 충격의 단계: 혼란스러움, 믿을 수 없음, 멍함과 충격, 실감나지 않음

2단계

그리움, 분노의 단계: 슬픔, 그리움, 불면증, 분노감, 죄책감

3단계

우울감의 단계: 고인이 자꾸 생각나고 나 혼자 잘사는 것에 대한 미안한 마음이 생김, 수면장애, 식욕저하 등

4단계

재조명 단계: 사건에 대해 스스로 재정리, 고인에 대한 마음을 정리하고 일상생활을 되찾음

3. 우리 몸의 경고 신호

상실의 경험은 누구나 겪을 수 있고, 그에 따른 반응은 사람마다 다르다. 그리고 그러한 반응은 누구나 겪을 수 있는 정상적인 반응이다. 하지만 인간은 자연회복력을 가지고 있어 시간이 지나면 회복이 되는데 회복을 위한 노력에도 불구하고 충격에서 벗어나지 못하면 전문가의 도움을 받아야 한다.

다음과 같은 신호가 계속되면 전문가의 도움을 받아야 한다.

1. 극단적인 회피행동
2. 자기관리 포기
3. 장기간 지속되는 불안, 분노, 죄책감과 같은 부정적 감정
4. 자기 파괴적인 생각과 약물 사용 또는 과도한 음주
5. 분노 표출의 방법이 자신 또는 외부대상에게 향함

4. 내가 할 수 있는 일

• 일상생활 다시 시작하기
• 감정 억누르지 말기
• 애도의 방법이 개인마다 다르다는 것을 이해하고 받아들이기

- 그 친구의 명예를 존중해 주며 떠나보내기(SNS에 사진이나 글 올릴 때 조심하기)
- 나를 위한 즐거운 활동 찾고, 스스로 자신을 돌보기
- 어려운 때(기일, 기념일, 생일 등)를 예상하고 극복 계획 세우기
- 주변에 도움 요청하기(학교 위(Wee) 클래스, 1388, 1577-0199)

주의력결핍 과잉행동장애(ADHD)[19]가 의심될 때 확인해 보세요.

학생의 주의력결핍 과잉행동장애(ADHD) 증상이 의심될 때 아래표의 내용을 체크해 보세요. 표의 내용 중 6개 이상이 6개월 이상 지속 될 때 전문가의 도움을 받아보세요.

영역	내용	체크
부주의	1. 일의 자세한 내용에 대한 주의가 부족하거나, 공부나 일 또는 다른 활동에 있어 부주의한 실수를 많이 한다.	
	2. 공부를 포함하여 어떤 일이나 놀이를 할 때 집중하지 못한다.	
	3. 대놓고 이야기를 하는데도 듣지 않는 것처럼 보일 때가 자주 있다.	

---

19 미국 정신의학회(1994) 주의력결핍 과잉행동장애(ADHD)의 진단기준

부주의	4. 지시를 따라오지 않고 학업을 끝내지 못하는 경우가 자주 있다.	
	5. 과제나 활동을 체계적으로 조직하는 것에 곤란을 자주 겪는다.	
	6. 지속적으로 정신을 쏟아야 하는 일을 자주 피하거나, 싫어하거나 혹은 거부한다.	
	7. 과제나 활동에 필요한 것을 자주 잃어버린다.	
	8. 외부에서 자극이 오면 쉽게 주의가 산만해진다.	
	9. 일상적인 일을 자주 잊어버린다.	
과잉행동 -충동성	1. 손발을 가만두지 않거나 자리에서 꼬무락거린다.	
	2. 가만히 앉아 있어야 하는 교실이나 기타 상황에서 돌아다닌다.	
	3. 적절하지 않은 상황에서 지나치게 달리거나 기어오른다.	
	4. 조용하게 놀거나 레저 활동을 하지 못하는 때가 많다.	
	5. 쉴 사이 없이 활동하거나 혹은 마치 모터가 달린 것같이 행동한다.	
	6. 자주 지나치게 말을 많이 한다.	
	7. 질문이 끝나기도 전에 대답해 버리는 수가 많다.	
	8. 차례를 기다리는 것이 어렵다.	
	9. 다른 사람에게 무턱대고 끼어든다.	

학급 (교사)	• **오해하지 말고 관심을 가져 주세요.** - 주의력결핍 과잉행동장애(ADHD) 학생의 보이는 문제는 인성의 문제가 아닙니다. 따뜻한 관심으로 도와주세요. - 주의력결핍 과잉행동장애(ADHD) 학생 중에는 학습에 어려움을 겪는 학생도 있지만 학업 성취가 높은 학생도 있습니다. 학습에 어려움이 있는 학생은 도와주세요. - 집중하고 싶어도 잘 안되는 학생들이 있습니다. 학생들이 느낄 수 있는 답답함과 속상함을 이해해 주세요.
	• **교실 구조를 바꿔 주세요.** - 주의력이 분산될 수 있는 창가나, 문 옆, 게시판 근처는 피해주세요. - 가능하면 차분한 학생을 짝으로 배정해 주세요.
	• **수업 방법은 간단하게 구조화해서 전달해 주세요.** - 직접 눈으로 보고 손으로 만질 수 있는 자료를 활용해 주세요. - 주의가 분산될 때 다시 집중할 수 있는 간단한 신호를 학생과 약속하세요.
	• **대안 행동을 알려주세요.** - 손발을 끊임없이 움직이는 경우 만질 수 있는 작은 공이나 물건을 준비해 주세요. - 수업 중 학습지를 배부하거나 심부름을 하는 대안 행동으로 몸을 움직일 수 있게 해주세요. - 수업 중 움직여도 되는 시간과 장소를 미리 알려주세요.

학급 (교사)	• **교실에 적응하도록 도와주세요.** - 지켜야 하는 규칙은 잘 보이는 곳에 붙여주세요. - 규칙을 잘 지켰을 경우 긍정적 피드백이나 강화물을 제공하세요. - 학생이 할 수 있는 것을 시간 단위 또는 작은 과제 단위로 나눠서 할 수 있게 하세요.
부모님	• **구체적이고 긍정적으로 칭찬해주세요.** - 주의력결핍 과잉행동장애(ADHD) 학생들의 잘못을 지적하기 보다 잘하고 있을 때 관심을 기울여주고 칭찬해 주세요. • **학습을 도와주세요.** - 과제를 제때에 하지 못했을 때나 학습 내용을 어려워 할 때 적극적으로 도와주세요. 학생이 성취감과 유능감을 경험하도록 해주세요. • **올바른 대화법을 알려주세요.** - 긍정, 부정의 감정을 제대로 표현할 수 있는 대화법을 알려주세요.

※ 부모님이 전문기관 방문을 주저할 때 이렇게 안내해 주세요.

• 부모님이 가질 수 있는 두려움에 충분히 공감해 주세요.

• 주의력결핍 과잉행동장애(ADHD)는 조기에 개입하지 않을 경우 학습과 또래관계에 부정적인 영향을 미칠 수 있음을 알려주세요. 주변에서 부정적인 피드백을 받으면 자존감이 낮아지게 되니 조기 개입이 반드시 필요함을 알려주세요.

• 부모님이 전문기관 방문을 주저하신다면 위(Wee) 센터의 자문서비스를 안내해 주세요.

부록15 주의력결핍 과잉행동장애(ADHD) 아동의 교실행동계약서(예시)[20]

행 동 계 약 서

본인　　　　　　　**은(는) 아래에 약속된 대로 하겠습니다.**

1. 점심시간 전까지 모든 수학, 국어를 80% 이상의 정확도로 완성할 것
2. 쉬는 시간, 점심시간, 음악시간에 정렬할 때, 조용히 하고 지시를 잘 따를 것
3. 쉬는 시간동안 모든 놀이규칙(예 : 싸우지 않기)을 따를 것

위의 사항들을 시행한 날에는 다음 중 한 가지를 선택할 수 있습니다.

1. 방과 후 15분간 반 친구와 놀기
2. 교실 컴퓨터를 숙제나 오락을 위해 15분간 사용하기
3. 간단한 업무(출석부를 교무실에 가져다 놓기, 수학숙제 걷기 등)로 선생님 돕기

만일 이번 주를 이렇게 보낸다면, 부모님과 특별한 주말을 보낼 수 있게 될 것입니다.

(예: 공원 가기, 자전거 타기, 점심 또는 저녁 식사에 친구를 초대하기)

만일 이처럼 내가 교실에서 할 일을 제대로 하지 않으면, 쉬는 시간에 내가 원하는 것을 하지 못하게 됩니다.

약속을 꼭 지킬 것을 약속합니다.

　　　　　　　　날짜

　　　　　　　(학생이름)　　　　　(교사이름)

출처 : George J. DuPaul & Gary Stoner(2003)

---

20 김동일 역(2007). 『ADHD 학교상담』. 서울: 학지사, p. 210에서 인용함.

학업중단 숙려제 이렇게 운영됩니다.

1. 학업중단 숙려제

  학업중단 숙려제는 학업중단 위기학생에게 1주(7일)에서 7주(49일, 주말, 공휴일 등 포함)까지 숙려 기회를 부여하고 상담 및 맞춤형 프로그램을 지원하여 신중한 고민 없이 이루어지는 학업중단을 예방하는 제도이다.

  학업중단 숙려제는 학교생활 적응이 어려운 학생들을 조기 발견하고 학교로부터 이탈되는 것을 예방하는 제도로 정착하고 있다. 학업중단 위기학생에게 상담 및 진로체험, 문화활동 등의 맞춤형 프로그램 제공과 학교·교육청·지역사회 자원 연계 등을 통해 학업중단 예방 및 학교 적응력 향상을 지원할 수 있다.

  교육부에서 2017년 학업중단 숙려제 공통 운영 기준을 수립하여 지역과 관계없이 학업중단 숙려제가 취지에 맞게 운영될 수 있도록 최소한의 기준을 마련하였다. 현재 각 시·도교육청에서는 교육부가 제시한 숙려제 공통 운영 기준을 바탕으로 지역 실정에 적합한 내용으로 '2020년 학업중단 숙려제 운영 지침 계획'을 수립하여 운영하고 있다.

2. 학업중단 숙려제 운영을 위한 담임교사의 역할

학업중단 위기학생 발생 인지
(생활관찰, 면담, 상담 등을 통해 파악)

학업중단 징후 학생·학부모 1차 상담 및 기록
(※ 담임교사가 하는 상담 ≠ 숙려 상담)
※ 만약 담임교사가 신규 및 저경력 교사이거나 담임 경험이 없어 상담이 어렵다면
학교 위(Wee) 클래스 상담교사에게 도움을 요청해 보세요.

위기학생 지원 요청
("학업중단예방위원회"에 위기학생의 상황 설명 및 지원 요청)
※ 학교 내 대안교실, 학업중단예방 프로그램, 위(Wee) 클래스 자체 프로그램,
위(Wee) 센터 상담 프로그램 등 우선 활용

학업중단 숙려제 안내
(학업중단 숙려제 목적, 학생 지원 방안 안내)
※ 학업중단 숙려제 관련 신청 또는 미신청서 작성 안내 포함

학업중단 숙려제 기간 학생 관리
(학생 출결, 안전 사항, 학생 변화 등에 대한 사항 등을 정기적으로 확인)

학업중단 숙려제 종료 후 출결 처리
학업중단 숙려제 운영에 대한 사항을 나이스(NEIS)에 등록, 학업중단 숙려제
프로그램에 참여한 숙려 기간을 "출석인정결석"으로 처리

학업복귀 지원
(추수상담 및 지도)

3. 학업중단 숙려제 대상 학생

대상학생	• **학교에 학업중단 의사를 밝힌 초·중·고 학생**
	  - 검정고시, 가정학습, 미인가 대안교육시설로 이동 등의 사유로 학업중단 의사를 구두로 표현한 학생
	  - 유예 신청서(초·중), 자퇴원(고)을 제출한 학생

	• **학업중단 위기에 처해 있다고 판단되는 초·중·고 학생**
	  - 관찰, 상담 등으로 발견된 학업중단 위기 징후와 학교생활 부적응 등을 종합하여 학교장 판단
	  - 미인정결석 연속 7일 이상 또는 연간 누적 30일 이상인 학생

제외학생	• 연락두절, 행방불명 등 숙려제 운영이 불가능한 학생 • 질병치료, 발육부진, 해외출국, 사고 등으로 숙려제 참여가 어려운 학생 • 학교폭력 등으로 출석정지, 퇴학 조치를 받은 학생

4. 학생의 학업중단 위기 원인에 따른 숙려제 프로그램

학업중단 위기 원인	숙려제 프로그램	운영 기관
심리·정신	숙려상담	위(Wee) 클래스, 위(Wee) 센터, 청소년상담복지센터, 학교밖청소년지원센터, 병원 등
가정·경제	복지지원	학교(교육복지 등), 청소년상담복지센터, 청소년쉼터, 지역아동센터 등
학업·진로	기초학력증진	학교, 학습종합클리닉센터(교육지원청) 등
	진로상담	학교, 위(Wee) 센터, 청소년상담복지센터, 학교밖청소 년지원센터 등
	진로·직업체험	학교, 대학교, 기업, 기관, 개인사업장, 진로체험지원 센터 등
학교부적응	대안교육	학교 내 대안교실, 대안교육 위탁교육기관, 대안교육 시설 등
	관계 회복	위(Wee) 클래스, 위(Wee) 센터 등
기타	문화·예체능 활동	학교, 문화·체육시설, 지역 공공기관(청소년수련관) 등
	여행, 캠프	학교, 위(Wee) 센터, 청소년상담복지센터 등

자살관련 면담 기록지		
날짜	(학생이름)	(교사이름)
면담 내용	① 죽고 싶다거나, 죽는 게 더 낫겠다고 생각한 적이 있니?	•예 •아니오
	② 자살을 할까 생각하고 있니?	•예 •아니오
	③ 최근(6개월간)에 어떻게 죽어야겠다고 계획을 세운 적이 있니? •시간 : •장소 :　　　　•방법 :	•예 •아니오
	④ 최근(6개월간) 이 계획을 실행해야겠다는 생각을 한 적이 있니?	•예 •아니오
	⑤ 혹시 죽어야겠다는 생각에, 어떤 행동을 해본 적이 있니? •시간 : •장소 :　　　　•방법 :	•예 •아니오

면담 내용	⑥ 무엇이 너를 그렇게 힘들게 만들고 죽고 싶게 하는지 그 이유를 물어봐 도 될까? _____

자살
위험성
단계
	•**위험성 없음 혹은 낮은 위험**
	: 모두 '아니오'인 경우, 혹은 ①번만 '예'이고, 나머지는 모두 '아니오'인 경우
	: 수동적 자살사고는 있지만, 적극적인 자살사고, 계획, 의도, 시도 경험은
	  없음에 해당
	•**중간 위험**
	: ①, ②번이 모두 '예'이나 나머지는 모두 '아니오' 인 경우
	: 수동적/적극적 자살사고는 있으나 계획, 의도, 시도 경험은 없음에 해당
	•**높은 위험**
	: ⑤번이 '예'이면서, ③번과 ④는 모두 '아니오'인 경우(①②번의 응답은 상
	  관없음)
	: 과거 자살시도라는 위험요인이 있으므로, 관리 요망
	•**응급 상황**
	: ③번이나 ④번 중 하나라도 '예'인 경우(①②⑤번의 응답은 상관없음)
	: 최근 6개월간 구체적 자살계획과 실행 의도가 있으므로, 응급대처 요망

조치	•**위험성 없음 혹은 낮은 위험**
	▶ 학부모 연락, 교내 상담 인력의 지속적 관찰과 상담
	•**중간 위험**
	▶ 학부모 연락, 병의원, 자살예방센터 및 위(Wee) 센터, 정신건강복지센터
	  등 교육청에서 지정한 전문기관 의뢰
	•**높은 위험**
	▶ 학부모에게 연락하고, 자살예방센터 또는 병의원 등 의료기관 진료 권유
	•**응급 상황**
	▶ 학생을 혼자 두지 말고, 안전조치. 학부모에게 즉각 알리고 자살예방센터
	  또는 의료기관 진료 적극 권유

※ 교육(지원)청 단위, 관내 학교에서 '자살징후'를 보인 우선관리 학생 의뢰를 위한 전문
기관 사전 지정·학교 안내

기다리면 피어날
희망과 마주하다.

친구 관계에서 떨어져 나갈까 봐, 친구가 나에게서 멀어질까 봐 노심초사하는 여학생을 상담한 적이 있다. 겉으로는 입에 담을 수 없는 욕설과 학급에서 선생님께 반항하는 모습으로, 그야말로 친구들 사이에서 잘나가는 아이였다. 그런 아이가 밖에서는 센 척을 하지만 집에서 혼자 있을 때면, 특히, 밤에 문자 메시지나 카톡 알림이 울리면 불안이 올라와서 손발이 차가워지고 가슴이 두근거린다는 증상을 호소했다.

상담과 함께 불안을 줄여주는 안정화 기법을 하루에 한 가지씩 했다. 상담 3회기에 '내 마음속 아지트' 실습을 했다. 내가 가장 편안한 공간을 생각하게 한 후 그 공간에 잠시 머무르며 마음의 눈으로 그곳에 보이는 것, 그곳의 냄새, 그곳의 소리에 잠시 머물러 보게 하는 기법이다.

　5분 정도 실습을 한 후 어떤 장소에 다녀왔는지 물었다. 아이가 편안함을 느끼는 장소는 새벽녘 침대 속이라고 했다. 거기서 무슨 소리를 들었냐고 물으니 '엄마가 요리하시는 칼질 소리'라고 했다. 깜짝 놀랐다. 시대가 변했고 요즘 아이들의 정서는 뭔가 다를 줄 알았다. 다음 질문을 했다. 그곳에서 밥 냄새가 났고, 그 냄새가 좋아 한참 머물렀다고 했다. 소름 끼치게 놀라웠다. 그리고 너무나 반가워서 눈물이 찔끔 났다.

　아무리 세상이 변하고 시대가 변해도 인간이 갖는 보편성은 살아있다는 생각이 들었다. 그리고 그 속에서 희망을 봤다. 기다리면 피어날 희망, 지금은 많이 흔들리지만 조금만 도와주고 같이 손잡아 주면 단단한 어른으로 성장할 수 있겠다는 믿음이 생겼다.

　조금만 도와주고 손잡아 주는 교사가 되기를 희망하는 다섯 명의 현직 상담교사가 마음을 모았다. 교사로서 정체성을 고민할 때면 늘 처음으로 돌아간다. 그게 답을 찾는 지름길이라 생각했다. 우리는 이 글을 쓰는 내내 초심을 기억했다. 그리고 그 초심에서 막막하고 부담스러웠던 지점에 집중했다. 동료 교사가 홀로 힘들지 않도록 따뜻한 위로와 나침반이 되기를 바라는 마음으로 책을 썼다.

　이 책은 혼자 쓴 책이 아니다보니 각자의 상담사례가 담겨있어서 마치 성공사례집 같은 느낌이 들어 마음이 쓰인다. 현장에서는 훨씬 힘들고 어려운 사례가 많다. 이 책 속의 사례처럼 진행되지 않은 상담이 훨씬 더 많다. 한 시간 동안 침묵으로 저항하는 아이들, 소통이 안 되거나 고집을 피우는 아이들도 있다. 그럼에도 불구하고 지금도 어느 학교 현장에서 아이들과 고군분투하고 계실 선생님들에게 작은 도움이 되기를 바라는 마음을 담았다. 아이들과 함께 버티고 견뎌주시는 선생님들을 응원한다.

2020년 가을
다섯 명의 현직 전문상담교사가
온 마음을 다해 적다

참고자료

- 강원도(2011), 자살위기개입 핸드북, 강원도: 강원도광역정신보건센터
- 강원도교육청(2020), 2020년 학업중단숙려제 운영 지침, 강원도교육청
- 경기도교육청(2017), 자해행동을 보이는 학생을 돕기 위한 교사용 가이드, 경기도교육청
- 경기도교육청(2018), 잘가 친구야, 경기도교육청
- 경기도교육청(2018), 담임교사를 위한 학생 상담가이드, 경기도교육청
- 경기도교육청(2020), 2020학년도 학업중단 숙려제 운영 매뉴얼, 경기도교육청
- 교육부(2020), 2020학생정서·행동특성검사 및 관리 매뉴얼, 서울: 학생정신건강지원센터
- 교육부(2020), 학생자해대응 교사용 안내서, 교육부
- 국가트라우마센터(2018), 마음프로그램 매뉴얼
- 국립서울병원(2015), 트라우마 회복을 위한 안정화 프로그램 개발, 학술연구용역사업 최종보고서, 서울: 한양대학교 산학협력단
- 권정혜, 안현의, 최윤경, 주혜선 공저(2014), 재난과 외상의 심리적 응급처치(2판), 학지사
- 김동일 역(2007).ADHD 학교상담, 서울: 학지사
- 윤철경, 오해섭, 김소영, 김하린, 윤혜지(2019), 2018년 학업중단숙려제 운영학교 및 기관 모니터링 결과보고서(연구보고 18-R52), 세종: 한국청소년정책연구원
- 이은아(2018), 안전기반치료(Seeking Safety)의 한국 적용방안에 대한 제언. 한국심리학회지:일반
- 주혜선(2008), 외상 후 위기 체크리스트 개발 연구, 이화여자대학교 석사학위 논문
- Marsha M. Linehan.(2017), DBT다이렉티컬 행동치료 워크북 (조용범 역). 서울: 더트리 그룹